LA CARTE GENERALE

ET LES

CARTES PARTICVLIERES DES COSTES

DE LA MER MEDITERRANEE

AVEC LES DISCOVRS NECESSAIRES,

Pour sçauoir à qui elles appartiennent, & pour connoître la force & l'importance des Places, la commodité des Ports de Mer, les Golphes, les Caps, les Isles, les Ecüeils, & autres particularitez, qui s'y rencontrent.

Par P. DV VAL Geographe du Roy.

A PARIS,
Chez l'Auteur, en l'Isle du Palais, sur le Quay de l'Horloge, au coin de la Ruë de Harlay.

M. DC. LXIV.

AVEC PRIVILEGE DE SA MAIESTÉ.

Preface de l'Auteur.

IE me sens obligé d'auertir ceux qui se seruent de Cartes Marines, qu'il s'en trouue de manuscrites, si éclatantes d'or, d'argent, d'azur & d'autres belles couleurs, que souuent elles ont place dans les Cabinets des Grands & des Curieux; & que nean-moins la pluspart de ces Cartes sont fausses, estant copiées sur d'autres Cartes extraordinairement fautiues & faites il y a plus de cent ans. Il est bien certain, que les personnes tant soit peu éclairées en matiere de Cartes, venant à examiner les omissions, les transpositions & la mauuaise ortographe qui se rencontrent en celles que ie viens de dire, auoüeront qu'il y a veritablement plus de fautes que de mots. En celles-ci, que ie donne au public, on peut aisément connoître la latitude des places nommées par les Gens de mer, hauteur ou éleuation, la grandeur & la disposition des Costes, les distances qu'il y a d'vn Port à l'autre, vers quelle Region du Monde ces Ports sont situez, & quel vent est commode pour y aller. Les lieuës dont il y est fait mention, sont des lieuës communes de France, chacune de 2500. pas Geometriques. La Fleur de Lis y marque le Septemtrion; & les lignes qui s'y trouuent, sont tirées suiuant les diuers Rhumbs ou Quartiers de Vents que l'on marque d'ordinaire en la Boussole. Les Anchres y font voir les Ports considerables; les Ecueils y sont representez par de petits points, ou par de petites croix; la lettre C estant seule, y signifie Cap, & celle d'I estant pareillement seule, fait voir que la terre qui en est proche, est vne Isle.

Dans les Discours qui accompagnent les Cartes de ce petit Traité, ie me sers de noms de Vents qui sont en vsage sur la Mer Oceane, parce que i'ay eu lieu de les apprendre pendant quelques voyages que i'y ay faits, & parce que ie n'ay pas trouué tant de facilité à repeter souuent ceux dont on se sert sur la Mediterranée, laquelle ie n'ay veuë que de loin: Et nean-moins, ie donne en la premiere Carte deux figures, qui font voir les termes & la disposition des Vents pour l'vne & pour l'autre Mer.

Que si quelqu'vn plus éclairé que moy, (ie dis plus éclairé, car il ne seroit pas raisonnable d'en croire ceux qui pour auoir fait quelques voyages de mer, n'en sont gueres plus sçauans, & qui d'abord qu'ils voyent vne Carte, l'estiment fautiue pour se faire plus valoir, ou plustost pour ne pas estre obligé d'examiner ce qu'ils n'entendent pas) si donc-

ã ij

ques vne telle personne a des memoires plus iustes que les miens, & qu'il ait la bonté de me les vouloir communiquer, ie consens de corriger les fautes qui seront en ma Carte & en mon Discours, & de reformer tout ce qui s'y trouuera ne pas estre dans la derniere exactitude.

Il y a peu de personnes qui ne sçachent ce que c'est qu'vne Isle. Les Ecueils, les Sirtes, les Bancs, les Basses, les Brisans, & les Seques, ont quelque figure d'Isle; mais elles n'en meritent, ni n'en portent le nom. Les Presqu'Isles sont des Terres presqu'-enuironnées de Mer. Les Costes sont des parties de la Terre le long du riuage de la Mer. Les Caps ou Promontoires sont des terres qui s'auancent dans la Mer plus que les autres : On leur donne quelque-fois les noms de Pointes & de Testes. Les Golphes sont des espaces de Mer embrassez de terre à peu prés en forme d'arc, ou de cul de sac. On les appelle Sein & Baye, lors qu'ils ont peu d'estenduë. Les noms de Marza & de Calle sont ordinaires sur la Mer Mediterranée. Le Port ou Havre est aussi vn petit Golphe, & la Rade vn lieu de bon abri le long de la Coste. On appelle Havres d'entrée ceux où l'on peut entrer à toutes heures, & Havres de Barre, ceux où l'on ne peut entrer qu'auec la Marée. On appelle Plage vn espace de Mer voisin de la terre, & l'on donne le nom de Goufre à vn tournoïement d'eau qui engloutit les Vaisseaux. Les entrées des Golphes sont quelque-fois étroites, & souuent elles ont vne largeur considerable. Ceux qui vont sur Mer, disent que les terres sont à droite ou à gauche, suiuant que les Vaisseaux y entrent. Les Détroits sont des Bras de Mer entre deux terres peu éloignées : d'ordinaire, ils communiquent deux Mers, & les plus grands semblent seruir de bornes aux grandes parties de la Terre : Il y a quelques Détroits que l'on appelle Far, il y en a d'autres que l'on nomme Bosphore, Euripe, Bouche, Canal, Bras, Manche, Pas, &c. Ie traite de tous ces termes dans les principes de ma Geographie ; & nean-moins, i'ai crû qu'il estoit ici necessaire d'en faire mention.

Pour ce qui est des Vaisseaux, il y en a de plusieurs sortes; Il y a des Acabas, des Barques, des Barquetes, des Barqueroles, des Berges, des Bermes, des Brigantins, des Brulots, des Caïcs, des Caramoussals, des Caraques, des Carauelles, des Esquifs, des Felouques, des Flustes, des Fregates, des Fregatons, des Fustes, des Gabarres, des Galeasses, des Galeres, des Galeres subtiles, des Galiotes, des Garde-Costes, des Germes, des Grips, des Heus, des Mahones, des Nauires, des Pataches, des Pescadoux, des Pinasses, des Polaques, des Pontons, des Ramberges, des Saïques, des Saicotes, des Sambiquers, des Tartanes, & vn grand nombre d'autres: Mais ie n'ay pas assez de connoissance de la Marine, pour donner la definition de tant de noms extraordinaires; & pour en faire seulement le denombrement, j'ai esté contraint de me seruir de l'ordre Alphabetique.

DE

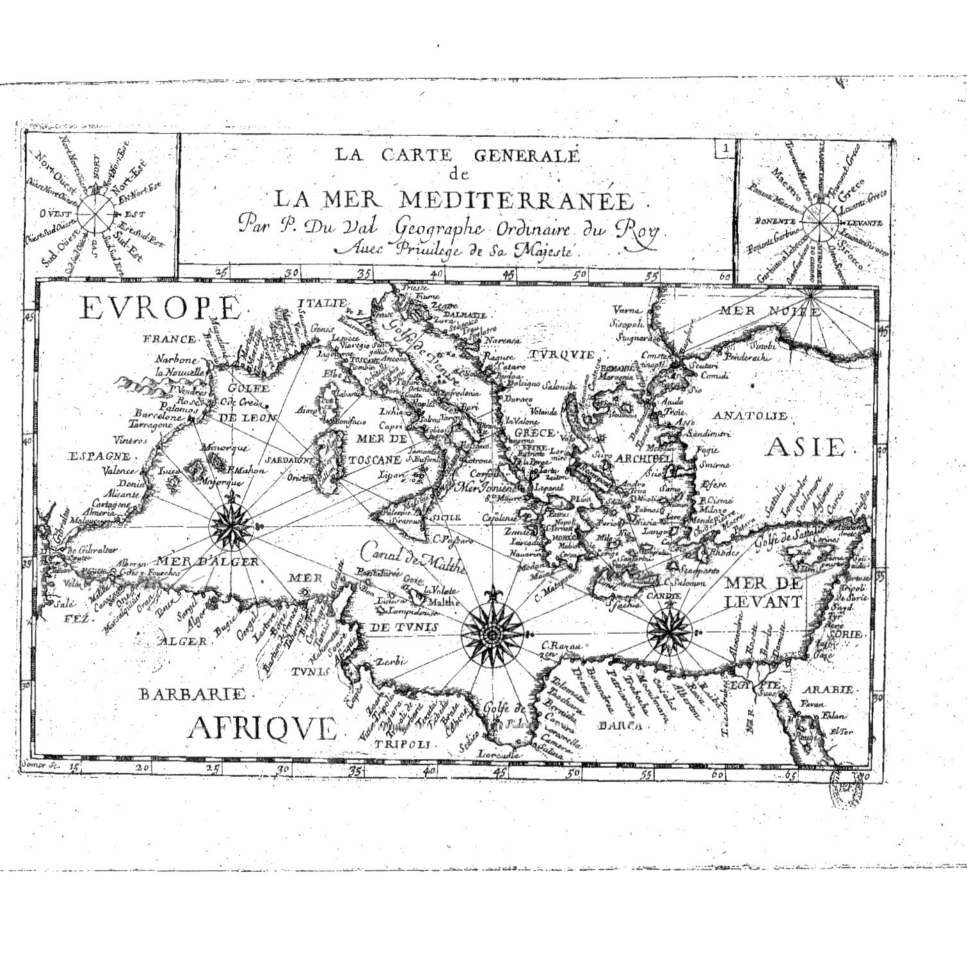

LA CARTE GENERALE
de
LA MER MEDITERRANÉE
Par P. Du Val Geographe Ordinaire du Roy
Auec Priuilege de Sa Majesté
1
EVROPE
FRANCE
ITALIE
ESPAGNE
GOLFE DE LEON
MER DE TOSCANE
SARDAIGNE
MER D'ALGER
Canal de Malthe
DE TVNIS
Mer Jonienne
SICILE
GRECE
TVRQVIE
ROMANIE
ARCHIPEL
ANATOLIE
ASIE
MER NOIRE
MER DE LEVANT
CANDIE
SORIE
ARABIE
EGYPTE
BARCA
TRIPOLI
TVNIS
ALGER
FEZ
BARBARIE
AFRIQVE
Golfe de Venise
Golfe de Sattalie
Golfe de Sidre

DE LA MER MEDITERRANE'E.

A Mer Mediterranée eſt ainſi nommée à cauſe de ſon aſſiette vers le milieu de noſtre Continent, entre l'Europe, l'Aſie & l'Afrique. La Sainte Ecriture lui donne le nom de Grande ; la pluſpart des Autheurs anciens la nomment Heſperiene & Interieure : quelques Romains l'ont appellée leur Mer : les Arabes, Bahar-Rumi & Mer de Damas : les Turcs Acdenizi ; & les Grecs, Aſpra-Thalaſſa. Nous l'appellons en France Mer de Leuant, & nous donnons à l'Ocean le nom de Mer de Ponant, parce que ces deux Mers ſe trouuent de la ſorte à l'eſgard de ce Royaume.

Les grandes parties de la Mer Mediterranée peuuent eſtre conſiderées en la maniere qui ſuit. 1. Vers l'Occident, le Grand Golphe de Leon le long des Coſtes d'Eſpagne, de France & de Génes ; & la Mer d'Alger le long des Coſtes qui portent particulierement le nom de Barbarie. 2. Vers le milieu, la Mer de Toſcane ſur laquelle ſont les Coſtes de Toſcane, de Rome, & de Naples : le Golphe de Veniſe, où ſont les coſtes de Poüille & de Dalmatie : la Mer Ioniene entre les coſtes de Sicile, de Calabre, d'Epire, & de Morée : & la Mer de Tunis le long des coſtes de Biſerte, de Tunis & de Tripoli. 3. Vers l'Orient, l'Archipel entre les Coſtes de Napli, de Saloniki, de Romanie & de Smirne, & la Mer de Leuant entre les Coſtes d'Anatolie, de Sorie, d'Egipte & de Barca.

Il y a diuerſes autres petites Mers qui font partie de celles que ie viens de nommer, & qui empruntent leurs noms des Coſtes ou des Iſles dont elles ſont proches, mais la Carte les peut mieux repreſenter que ne feroit le diſcours.

La Mer Mediterranée reçoit la Mer Oceane par le Détroit de Gibaltar, lequel en cét endroit ſepare deux grandes parties du Monde, l'Europe & l'Afrique, & par excellence eſt appellé le Détroit. Ce nom de Gibaltar eſt venu de Gibal-Tarick, l'vn des Capitaines Arabes qui vinrent en Eſpagne ſous Muſe, & nean-moins l'vſage permet de dire Gibraltar. Les Anciens l'ont nommé, le Détroit des Gades, & le Détroit d'Hercule : Sa longueur d'Occident en Orient a onze ou douze lieuës, & ſa largeur en a quatre ou quatre & demie. On remarque en temps ſerein, que les eaux de l'Ocean entrent en la Mer Mediterranée pendant quatre heures, & qu'elles en emploïent huit à s'en retirer : dans vn autre temps, on ne s'apperçoit pas aiſément de ce flux & reflux.

Auant que de traiter en détail des Coſtes de la Mer Mediterranée, & d'en dire les particularitez qui s'y trouuent, il n'eſt pas hors de propos de ſçauoir à qui elles appartiennent.

Apres que l'on eſt entré par le Détroit, & que l'on nauige à main gauche le long de la Terre-ferme d'Europe, on trouue en premier lieu la Coste d'Espagne depuis Gibaltar iusqu'au Cap de Creuz, laquelle appartient toute au Roy d'Espagne. *Voyez la II. Carte.* Depuis le Cap de Creuz iusqu'au Var, ce sont Terres de France qui comprennent aujourd'hui les Costes de Roussillon, de Languedoc & de Prouence, & tout cela au Roy. *Voyez la III. Carte.* En la Coste de Genes, Niçe, Ville-franche, & Oneille appartiennent au Duc de Sauoye: Mourgues ou Monaco a son Prince, qui est en protection de France; Final au Roy d'Espagne; le reste est à la Republique de Genes. En la Coste de Toscane, il y a premierement vne plage au Marquis de Masse, & puis vne autre au Grand Duc: Viareggio dépend de la Republique de Lucques: les autres places sont au Grand Duc, il en faut excepter Piombin, Orbitelle, & Port-Hercole, qui reconnoissent le Roy d'Espagne.

La Coste de Rome est au Pape. Le petit Port de Palo y est au Duc de Bracciano. *Voyez la IV. Carte.* Toutes les Costes du Royaume de Naples appartiennent au Roy d'Espagne. Celle de l'Eglise sur le Golphe de Venise, est au Pape. Le reste des Costes de l'Italie reconnoissent la Republique de Venise; si ce n'est Trieste & Duuino qui dependent de la Maison d'Austriche. La Coste de Dalmatie est à plusieurs; car la Maison d'Austriche y tient Fiume, Porto-Ré, Zegne &c. la petite Republique de Raguse y a son Estat; le Turc y possede Narença, Castel-nouo & quelques autres places: mais les Venitiens en ont la meilleure partie, sçauoir Zara, Sebenico, Spalatro, Cataro, Budoa, & autres lieux auec toutes les Isles voisines, horsmis quelques-vnes qui reconnoissent Raguse. La Coste d'Albanie est entierement au Turc, *Voyez la VI. Carte.*

Il en est de mesme de celle d'Epire, les Venitiens y ont nean-moins deux petites places, Butrinto & la Perga. *Voyez la VII. Carte.* C'est ici que commence la suite des Costes de la grande possession du Turc en Europe, en Asie & en Afrique le long de la Mer Mediterranée: car le reste des Costes de la Grece, & de Romanie en Europe, & celles d'Anatolie & de Sourie en Asie, luy appartiennent entierement.

Venons maintenant aux Costes d'Afrique sur la Mer Mediterranée. En commençant par le Détroit, nous y trouuons Tanger aux Anglois, Ceute aux Espagnols. Apres auoir passé le Détroit, & rangeant la Coste à main droite, d'Occident en Orient, on trouue Tetüan qui n'est pas entierement sur la Coste; Elle est aux Maures ainsi que le reste de la Coste de Fez qui dépend du Royaume de mesme nom; il en faut excepter Pennon de Velez, Melilla, & Casasa, places de la Couronne d'Espagne. Toute la Coste d'Alger est comme en la disposition des Turcs & des Maures, horsmis Marsalquiuir & Oran, qui sont entre les mains des Espagnols, le Bastion de France qui appartient aux François, & l'Isle Tabarque aux Genois. Pour ce qui est de la Ville d'Alger, chacun sçait que c'est vne Republique de Corsaires, où le Grand Seigneur n'a pas toute l'authorité qu'il a en ses autres Estats. Les Costes de Tunis, de Tripoli & de Barca reconnoissent pareillement les Turcs, qui y ont vn Bacha ou Viceroy, de mesme qu'à Alger; & ces Bachas prennent le titre de Roy. Tunis & Tripoli sont Villes de Corsaires.

La Coste d'Egypte est entierement aux Turcs.

Toutes les Isles de la Mer Mediterranée sont dispersées prés d'Espagne, prés de France, au Midi d'Italie, dans le Golphe de Venise, en la Mer Ioniene, en l'Archipel, en la Mer de Leuant, & sur les Costes de Barbarie. Les Isles prés d'Espagne sont Majorque, Minorque, Yuiçe, & autres moins considerables, toutes au Roy d'Espagne. Il y a prés de France celles de Brescou, Maguelone, If, Yeres, Bregançon, & Sainte Marguerite, en la plus-part desquelles le Roy entretient garnison. *Voyez la III. Carte.* Les Isles au Midi d'Italie sont ou grandes, ou petites. Sicile, Sardaigne & Corse sont les plus grandes, les deux premieres au Roy d'Espagne, & celle de Corse à la Republique de Genes : les autres Isles sont l'Elbe tenuë en partie par le Grand Duc, & en partie par les Espagnols & par le Prince de Piombin, Ponza, Ischia, Capri, & autres au Roy d'Espagne. *Voyez la IV. & la V. Carte.*

Il y a vn grand nombre d'Isles dans le Golphe de Venise, qui presque toutes reconnoissent la Republique. Celles de Tremithi dependent du Royaume de Naples. Melada & quelques-vnes de son voisinage appartiennent aux Ragusois, & Saseno vers la bouche du Golphe, au Turc.

Il y a en la Mer Ioniene trois Isles considerables que les Venitiens appellent leurs trois Isles, Corfou, Cefalenie & Zante. Sainte Maure & quelques autres du voisinage appartiennent aux Turcs : celles de l'Archipel les reconnoissent aussi : il en faut excepter Cerigo, Teno & Micoli à la Republique de Venise. La grande Isle de Candie qui borne l'Archipel vers le Midi est aujourd'hui aux Venitiens & aux Turcs. Rhodes & Chipre sont de fameuses Isles en la Mer de Leuant, & toutes deux aux Turcs.

Il n'y a gueres d'Isles considerables sur la Coste de Barbarie, que celle de Malthe : le Goze, la Linouse & la Lampidouze, y dependent de l'Ordre de S. Iean de Ierusalem aussi bien que Malthe. Pantalarée est au Roy d'Espagne, de mesme que Pennon de Velez proche du Continent : Tabarque aux Genois, & Zerbi aux Turcs, sont pareillement proches de la Terre-ferme.

Plusieurs Souuerains ont des Estats le long des Costes de la Mer Mediterranée. Il y a en premier lieu, ceux qui sont les plus puissans, sçauoir le Roy, le Roy d'Espagne, la Republique de Venise, la Republique de Genes, l'Ordre de Malthe, les Turcs, & les Corsaires, d'Alger, de Tunis & de Tripoli. Il y a en suite ceux qui n'ont pas des forces de Mer beaucoup considerables, comme le Pape, l'Empereur, le Duc de Sauoye, le Grand Duc de Toscane, le Prince de Monaco, les Ragusois &c. Les Anglois & les Holandois enuoyent souuent de puissantes Flottes en la Mer Mediterranée, mais c'est pour y assûrer le commerce des Marchands de leur nation : car les Holandois n'y ont aucune place, & les Anglois y possedent seulement Tanger à l'entrée du Détroit.

DES COSTES D'ESPAGNE

Sur la Mer Mediterranée.

L'ESPAGNE a trois places sur le Détroit, lequel commence au Cap Trafalgar du costé d'Europe, Tarif, Algezir & Gibaltar. La Mer n'y est pas si profonde, qu'elle est du costé d'Afrique ; où pour ce sujet, les Vaisseaux prennent ordinairement leur route. Il y a souuent des Corsaires de Barbarie sur les Costes d'Andalousie, vers le mois de Decembre, car ils choisissent cette saison pour enleuer les Vaisseaux Marchands qui y viennent charger des vins & des fruits. Gibaltar autrefois *Carteia* est vne ville accompagnée de son port, & non moins importãte aujourd'hui, que quãd Iules-Cesar faisoit la guerre aux Fils du Grand Pompée.

En la Coste de Grenade, les deux petites villes d'Estepona & Marbella ont chacune leur port, & celui de Marbella est le meilleur. Fuengirola est vn Château sur vne montagne, au bas de laquelle il y a vne rade, auec sept ou huit brasses d'eau. La ville de Malgue est fort marchande, à cause de la commodité de son Port & de son Arcenal: outre sa force naturelle, elle est defenduë de plusieurs Tours & de deux Chasteaux. L'an 1661. la cruë extraordinaire de sa petite riuiere luy a causé beaucoup de dommage. Velez Malaga est sur vne eminence, mais au dedans des Terres & à quatre milles de la Mer. Les habitans des enuirons y font porter leurs denrées, & on les y achete pour en accommoder les pays étrangers. Le Port de Torres est ainsi appellé d'vne Tour qui en est proche. Almuneçar est vne petite place forte, c'est pourquoy les Maures y faisoient garder leur tresor, lors qu'ils estoient maistres du Royaume de Grenade. Salobrena est commandé d'vn Chasteau assis sur vne montagne, dans lequel les Roys de Grenade mettoient leurs parens en seureté. On peut jetter l'anchre aux enuirons de la petite Isle voisine. Motril, remarquable par les cannes de succre qui sont en son voisinage, est vn peu éloigné de la Coste. Castel-Fierro est vn Chasteau sur vne montagne ronde, accompagné de son Port. Veria, Adra, Almeria, sont petites villes, celle-ci auec son Port. Il y a prés du Cap de Gates vn écüeil fort dangereux, car comme il est couuert de quatre ou cinq pieds d'eau l'on a peine à s'en apperceuoir. Vera est la derniere place de Grenade.

La Coste de Murcie est de petite estenduë. Almacaron y est vn Chasteau accompagné de son Port auec plusieurs mines d'alun en son voisinage. Carthagene y donne son nom à vn Golphe & à vn Port spacieux, profond, & asseuré. Les Cartha-

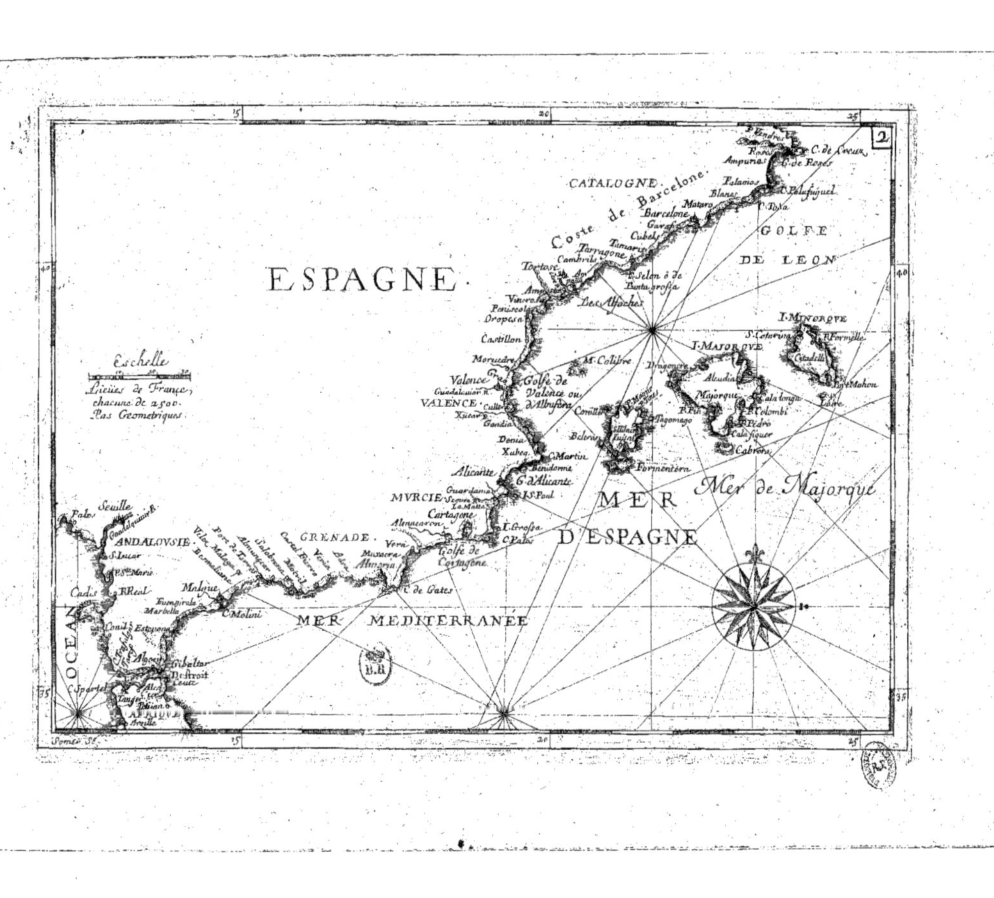
2
ESPAGNE
CATALOGNE
Coste de Barcelone
GOLFE DE LEON
I. MINORQVE
I. MAJORQVE
Mer de Majorque
MER D'ESPAGNE
MER MEDITERRANÉE
OCEAN
ANDALOVSIE
GRENADE
MVRCIE
VALENCE
AFRIQUE
Eschelle
Lieües de France, chacune de 2500. Pas Geometriques
Golfe de Valence ou d'Albufera
Golfe de Cartagene
C. de Creux
Ampurias
Barcelone
Mataro
Tarragone
Tortose
Peniscola
Oropesa
Castillon
Moruedre
Valence
Denia
C. Martin
Alicante
C. d'Alicante
Cartagene
Almaçaron
Vera
Almeria
C. de Gates
Malgue
C. Molini
Marbella
Estepona
Gibaltar
Destroit
Tanger
C. Spartel
Cadis
Seuille
Palos
S. Lucar
Formentera
Majorque
Alcudia
Dragonere
Cabrera
Citadelle
Mahon
Les Alfaches

Carthaginois le choisirent pendant leur guerre d'Espagne & Philippe II. la rétabli. Le Cap de Palos est renommé par la pesche des Macquereaux. Proche & en deça de ce Cap, il y a vn excellent Port auec vn bon fond de sable pour les anchres.

La Coste de Valence a vn grand nombre de Tours le long de la Mer. La Matta est vn lieu où l'on charge le sel dans les vaisseaux, & Guardamar vn Chasteau sur vne montagne voisine à l'embouchûre de la Riuiere Segura: la petite Isle S. Paul laisse le passage libre entre elle & la Terre-ferme. Alicante accompagnée de son Port & renommée par ses vins & par son sel, est vne ville fort marchande. L'Isle Benidorme à vn mille de la Terre-ferme a vne bonne retraite, mais elle n'a point de defense. Xabea a vn assez bon Port : Denia de 450. feux a aussi le sien, mais à cause de la difficulté de son entrée l'on ne s'y engage pas sans Pilote. Le Port de Cullera n'est gueres meilleur, il est dans le voisinage de la Riuiere Xucar, autrefois Sucro, laquelle communiquoit son nom au Golphe Sucroniense nommé aujourd'hui le Golphe de Valence. Albufera est vn estang fort poissoneux, long de trois mille & large du tiers de sa longueur. Grao est vne petite ville à l'embouchûre du Guadalauiar, qui porte les vaisseaux iusqu'à Valence. Valence a le nom de Belle & de Grande à cause de ses auantages. Moruedre dans la terre est en la place de cette ancienne Sagonte alliée des Romains, dont la prise par Annibal Chef des Carthaginois donna commencement à la seconde Guerre Punique. Oropesa est vn Chasteau proche & à costé gauche d'vn Cap de mesme nom, fort exhaussé. Peniscola est vne forteresse qui s'auance dans la Mer. Vineros est le dernier Port de cette Coste.

La Coste de Barcelone qui est celle de Catalogne se presente en suite, & s'estend iusqu'au Cap de Creuz. Elle a en premier lieu les Isles Alfaches qui forment les trois embouchûres de l'Ebre; la propre Alfache est si basse que la Mer la couure lors qu'elle s'enfle. Il y a sur la droite de l'Ebre Amposta auec deux forts Chasteaux, & à gauche le Port d'Ampolla; puis vne plage où vne petite Isle sert de retraite aux Corsaires pour attendre les vaisseaux marchands. Tarragone & Barcelone, celle-ci la capitale de la Prouince, ont leurs Ports; mais celui de Barcelone n'est pas estimé. Ceux de Blanes & de Palamos sont assez bons, & principalement ce dernier. Roses la derniere place considerable d'Espagne sur cette Coste, est aussi l'vne des plus fortes & des plus importantes, à cause du voisinage des terres de France & de la retraite que les vaisseaux vont chercher en sa baïe.

L'Isle de Majorque a quelques Ecueils en ses enuirons: mais sa Coste du Nort-Est est fort accessible & sans aucun danger. La ville de Majorque a vn assez bon Port, outre celui de Pin qui en est proche; la petite ville de Calafiguer, en a vn où les gens de Mer trouuent vn bon fond pour leurs anchres. Le Port Pedro n'est gueres capable que de 6. ou 7. vaisseaux. Porto Colombi a vn Chasteau & vne bonne rade. Le Golphe d'Alcudia est pareillement fort asseuré. Dragonera vers le Couchant n'est qu'vne Isle fort petite. Cabrera vers le Midi en est vne autre separée de celle de Majorque par vn Canal large d'enuiron deux lieuës, & profond de 15. ou 16. brasses. Elle a vn Port defendu d'vn Chasteau, & vers le Couchant vne bonne plage.

L'Isle Minorque n'a point de meilleur Port que celui de Mahon, car il s'auance fort en terre & son entrée est defenduë d'vn costé par vn Chasteau, & de l'autre par vne Tour, outre que le Canal qui se trouue entre ce Port & la petite Isle

Laire est fort nauigable. Les villes de Citadelli, de Porto-Formelli, & le Chasteau de Sainte Catherine ont aussi leurs Ports; les autres retraites n'ayant point de forteresses sont exposées aux descentes des Pirates.

Toute la Coste d'Yuiçe est enuironnée de roches & d'écueils, si ce n'est vers le Midi où l'abord est le plus aisé. La ville de mesme nom a vn Chasteau & vn bon Port. Belcran est vn rocher au Couchant de l'Isle Conillere; & au Nort-Oüest est vne autre roche qui a en son voisinage vn bon Port où les Corsaires ont accoustumé d'aborder, faisant faire sentinelle sur le haut du rocher pour découurir les vaisseaux. Porto-Magno & Porto-Tines sont deux assez bons Ports. L'Isle Tago-Mago est separée de l'Isle Yuiçe par vn Canal profond de 16. brasses où il y a bon moüillage: sa pointe Orientale a vne roche cachée sous l'eau, mais le brisant de la Mer la fait reconnoistre. S. Hilaire auec son Chasteau a vne retraite fort asseurée, la Mer y aïant bien 16. 20. & 30. brasses de profondeur. La coste iusqu'à la ville d'Yuiçe a force roches, & à son Leuant deux petites Isles auec vn écueil, mais on les peut aisément apperceuoir. L'Isle d'Yuiçe fournit de sel plusieurs Nations, & principalement ceux d'Alger.

L'Isle Formentera a de bonnes Calles vers le Septemtrion & vers le Midi, la partie Orientale a pareillement bon moüillage, mais toutes ces retraites n'ont nulles defenses, car l'Isle n'est point habitée, & il y a seulement vne vieille Tour en sa partie Septemtrionale.

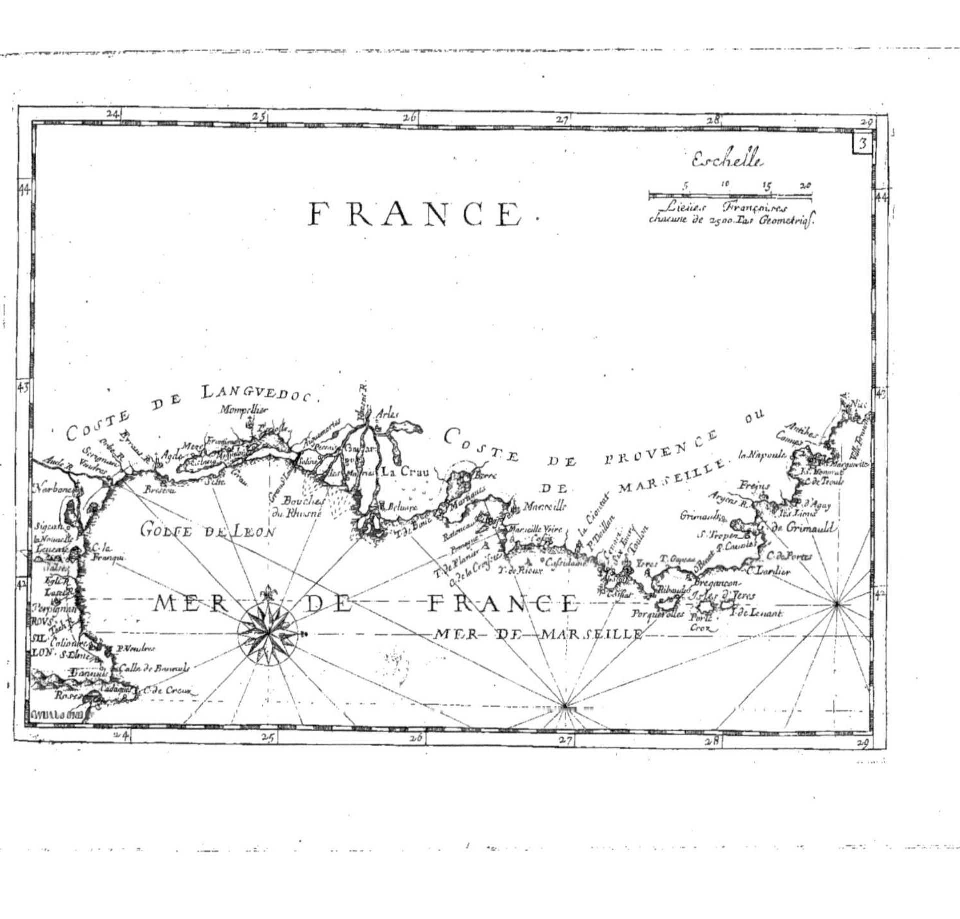

3
Eschelle
5 10 15 20
Lieües Françoises
chacune de 2500. Pas Geometriq.
FRANCE
COSTE DE LANGVEDOC
COSTE DE PROVENCE OU
DE MARSEILLE
GOLFE DE LEON
MER DE FRANCE
MER DE MARSEILLE
Bouches du Rhosne
La Crau
Arles
Mompellier
Narbonne
Agde
Marseille
Toulon
Frejus
Antibes
Nice
Grimauld
Isles d'Yeres
Porquerolles
Porte Croz
I. de Leuant
C. Lardier
S. Tropez
24 25 26 27 28 29
44 43 42

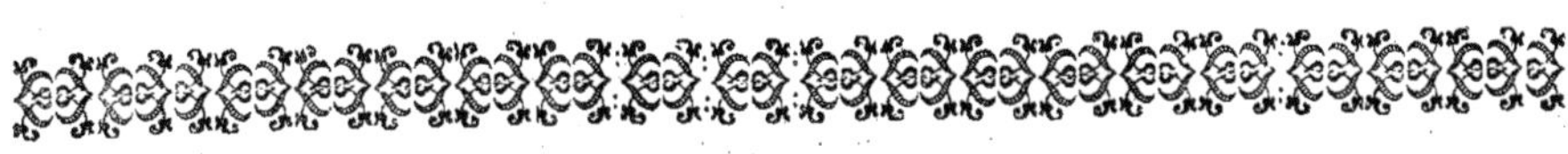

DES COSTES DE FRANCE

Sur la Mer Mediterranée.

NTRE le Cap de Creuz & la Riuiere de Var est la Mer de France, dite autrement de Marseille, le long des Costes de Roussillon, de Languedoc & de Prouence. Le Golphe de Leon suiuant sa plus petite étenduë fait partie de cette Mer.

De la Coste de Roussillon.

LA Coste de Roussillon commence en deçà du Cap de Creuz à l'endroit où la plus haute branche des Monts Pyrenées aboutit à la Mer. Il y à en premier lieu la Calle de Bannuls-del-Maresma : la ville de mesme nom, qui est vn peu auant en terre fut pretenduë par les deux Nations de France & d'Espagne, apres la conclusion de la Paix, mais elle fut cedée à la France. Le Port Vendres est capable de plusieurs Vaisseaux & fort asseuré, principalement contre les Vents de Ponant & de Midi ; sa conseruation dépend de celle du Fort S. Elme, qui en est proche. Colioure est beaucoup fortifié à cause de la commodité de son Port. Il ne reste qu'vne plage iusqu'à l'Estang de Salses, mais il y a trois petites riuieres, le Tech, le Latet & l'Egli. Le Latet passe au bas de Perpignan qui se trouue à deux lieuës de la Mer. C'est vne grosse ville, bien bastionnée, & defenduë d'vne citadelle, qui est certainement l'vne des meilleures places de l'Europe. Salses est vne forteresse proche de l'Estang, auec quatre gros bastions ronds reuestus de pierres fort dures, vn puissant donjon & plusieurs autres bouleuards & cofres, qui sont tellement disposez qu'ils semblent autant de forteresses particulieres, car leur fossé est fort profond & leur contrescarpe reuestuë.

La Plaine de Roussillon est fertile en bleds, en vins, & en huiles, & c'est elle qui nous fournit les excellens vins de Riuesaltes.

De la Coste de Languedoc.

CETTE Coste a fort peu de Ports; Elle a le plus ordinairement des Estangs, des Plages, & des Graus; les Plages separent les Estangs de la Mer, & les Graus qui sont des ouuertures dans ces Plages, donnent passage aux eaux des Riuieres, mais ils ne sont gueres nauigables qu'aux moyennes Barques, & quelques-fois ils se trouuent bouchez apres que la Mer & les Vents y ont poussé du sable.

Apres le Roussillon, on trouue la forte place de Leucate sur vn haut, entre l'Estang de mesme nom & la Mer, dans le voisinage du Cap de la Franqui, proche duquel il y a bon mouillage; Elle consiste en quatre bastions & quelques demi-lunes; le bourg est au bas de la forteresse. Auant les dernieres Conquestes du Roy, elle estoit le bouleuard de la France le plus auancé de ce costé-là, & l'an 1637. les Espagnols l'attaquerent à leur honte. Apres Leucate, suit vne Plage iusqu'à la Nouuelle, qui est le Port de Narbone. Cette ancienne Ville est bien peuplée, fort marchande & extraordinairement forte, ses murailles estant toutes contreminées. Son assiette est sur vn bras de *l'Aude* que l'on y a conduit pour fauoriser son trafic: Ce Canal passe à trauers la Ville & forme l'Estang de Sigean auant que de se rendre en la Mer; l'autre bras de l'Aude qui est le naturel forme l'Estang de Vendres. Sous nos Roys François I. Henry IV. & Louys XIII. on a proposé la jonction de l'Aude & de la Garonne, qui est le fleuue le plus nauigable du Royaume, pour communiquer les Mers Oceane & Mediterranée, & s'exempter du grand tour que l'on est obligé de faire le long des Costes d'Espagne & par le Détroit, en fait de commerce. Aujourd'hui, on renouuelle cette entreprise, & on pretend l'executer en assemblant vers S. Papoul les eaux du Lampi, du Lampillou, de la Barnassone & de l'Alsau auec celles du Rio-tort, du Sor & autres, pour les distribuer en suite au Fresquel, qui se rend dans l'Aude au dessous de Carcassone, & au petit Lers, qui par le moyen d'vn Canal porteroit Batteaux dans la Garonne au dessous de Toulouse. Apres les embouchûres de l'Orbe & de l'Eyraut, qui forment les Graus de Serignan & d'Agde, il y a le Port d'Agde, que l'on a voulu rendre meilleur par vn grand mole tiré vers l'Isle de Brescou; car cela estant acheué, ce seroit veritablement l'vne des plus asseurées retraites pour les Vaisseaux, qu'il y eut en toute la Coste. Il y a en suite vne grande Plage qui couure de grands Estangs, formez par les eaux de plusieurs Riuieres, & au milieu l'Isle & la Ville de Maguelone. On voit sur cette Plage le Cap de Sette, auec vn Fort ruiné, prés duquel le Roy Henri IV. auoit eu dessein de faire construire vn Port. Il y a aussi quelques Graus qui communiquent ces Estangs à la Mer, & qui laissent passage pour les Barques: le plus considerable est celui qui est vis à vis de Frontignan. Aigues-mortes éloignée d'vne grande lieüe de la Mer, a vn Grau qui porte le nom de S. Loüis, parce que ce Saint Roy y faisoit ses embarquemens lors qu'il alloit faire la guerre aux Infideles dans le Leuant: l'on voit encore dans la Ville la Tour Constance destinée pour le Phare ou la Lanterne de Mer. Il y a prés d'Aigues-mortes des Salins qui font vn grand reuenu au Roy, & qui ont pour leur conseruation le Fort de *Peccais* basti sur l'vn des bras du Rhosne. C'est en cét endroit que finit la Prouince de Languedoc.

guedoc. Il y a au Couchant du Rhosne plusieurs Marais que l'on a proposé de dessecher, mais les Communautez des places voisines s'y sont opposées.

Pour ce qui est du commerce des Bleds, Huiles, Sel, & autres denrées de Languedoc, on les porte à Narbone, à Agde, & aux autres lieux proches de la Mer, & là on les vend, puis on les embarque pour les porter en Espagne, & en Italie.

De la Coste de Prouence.

CE Pays est bien le plus agreable que l'on puisse voir, à cause de ses beaux Vignobles, de ses grands plans d'Oliuiers, & de ses Bastides ou maisons de campagne, qui la plus-part sont accompagnées de leurs Iardins remplis d'Orangers, Citroniers, Iasmins &c. ce qui fait dire que ces Bastides valent bien deux Marseilles. Outre cela, les Bois y ont le thim, le rosmarin, & le mirthe en abondance. On y trouue vn si grand nombre de bons Ports, que l'on peut dire que la seule Prouence a pû faire iusqu'ici autant & plus de commerce sur la Mer Mediterranée, que n'en a fait le reste de la Chrestienté, d'où vient que la plus-part des Prouençaux sont fort experts sur Mer. Il y a le long de la Coste force sentinelles dans les Tours que l'on y a basties pour faire le signal & pour s'entr'auertir, lors qu'elles découurent plusieurs voiles ensemble. Les Galeres du Roy ont accoustumé de faire leur sejour à Marseille, & quelques-fois à Toulon.

Ce qui suit immediatement le Languedoc, est connû sous le nom de Terres adjacentes; on sous-entend à la Prouence. La plus-part de ces Terres sont des dependances de la ville d'Arles, situées entre les bras du Rhosne, & nommées grande & petite Camargue à l'occasion de Caïus-Marius. Elles sont tres-fertiles en bleds & abondantes en pasturages où l'on tient force bestail, & sur tout des cheuaux. On dit que les Taureaux qui y sont nourris sont les plus fiers de toute l'Europe, à cause de l'abondance & de la bonté de l'herbe qu'ils y trouuent. Le Bourg des Maries y est celebre par les Corps des trois Saintes de mesme nom. Les Isles & les Graus que forment les bras du Rhosne ne sont gueres accessibles qu'aux Barques, encore l'approche en est-elle tres-difficile à cause des vases. Il y a en suite la Crau, qui consiste en des champs pleins de pierres fort menuës. La Tour de Bouc est vne forteresse à l'entrée & au Leuant du nouueau Canal de Martigues; Martigues & Berre sont plus auant en terre sur vne petite Mer ou Golphe qui en porte les noms. Les Salins de Berre sont d'vn grand reuenu. Il y a Gouuerneur & Garnison dans la Tour de Bouc, & la place est d'autant plus importante, que les Galeres & Vaisseaux qui vont d'Italie en Espagne ont accoustumé, & principalement pendant la Paix, de ranger la Coste de France iusques en ce lieu, d'y prendre de l'Eau, & de faire en suite Canal vers la Coste de Barcelone par le Golphe de Leon, sans approcher de la Coste de Languedoc. C'est aussi en cét endroit que fut arresté le Prince Casimir de Pologne, qui pendant la Guerre alloit seruir l'Espagne. Les trois Isles prés de Marseille n'ont qu'vn Gouuerneur. La Mer des enuirons est fort nauigable, & l'on peut jetter l'anchre fort asseurément entre les deux plus grandes, qui sont celles de Pomegüe & Ratoneau; celle-ci a vn Chasteau, & l'autre vne Tour. Le Chasteau d'If a esté basti sous François I. &

porte le nom des arbres dont l'Isle estoit remplie. Comme l'entrée du Port de Marseille est vn peu difficile aux grands Nauires, à cause qu'il n'y a gueres plus de douze ou quatorze pieds d'Eau, ils moüillent quelques-fois entre les deux grandes Isles sus-nommées où il y en a bien six brasses, & là ils mettent dehors vne partie de leur charge en de petits vaisseaux que l'on mene à Marseille. Apres, estant allegez de la sorte, ils entrent plus aisément dans le Port.

La Ville de Marseille est sur vne colline en forme de harpe panchante vers le Midi, au pied de laquelle est le Port que l'on peut fermer d'vne chaisne, & qui est si asseuré en ce qu'il renferme, que nul vaisseau, à ce que l'on dit, n'y a iamais fait naufrage. Au Midi du Port est le Fort de Nostre-Dame de la Garde: mais la nouuelle Citadelle qui est vis à vis du Fort de Saint Iean, est vne forteresse d'vne plus grande defense, à cause de son assiette & de ses diuerses enceintes de bastions. Marseille veire est vn lieu sur vne eminence vers le Midi de la ville. Elle n'est point la vieille Marseille comme plusieurs croyent, elle porte ce nom parce que l'on en découure Marseille. Le Cap & la Passe de la Croisette seruent souuent de retraite aux Corsaires pour guetter les Vaisseaux qui vont à Marseille. La Tour de Planier au milieu de la Mer n'est point gardée. Auant que d'arriuer à Toulon on voit le long de la Coste les Ports de Cassis, de la Ciotat & de Cenari. La petite ville de la Ciotat est renommée par l'excellent vin de son terroir.

Toulon est vne ville forte, & l'vne des mieux peuplées de la Prouence, accompagnée d'vne bonne Citadelle & d'vn Port asseuré & capable d'vn grand armement naual: Son entrée est defenduë d'vne forte Tour, & le petit lieu de la Sene y sert de Port à la petite ville de Six-fours. Yeres est sur vn haut dans vn terrroir fort delicieux, mais les Vaisseaux n'y trouuent pas vne retraite fort asseurée. Il y a prés de cette Coste cinq Isles qui portent son nom, trois grandes & deux petites: on les appelle aussi quelques-fois les Isles d'or. Elles ont quelques fortifications & des Tours pour leur defense, & principalement celle de Porquerolles; celle de Porte-croz a vn jardin qui pour sa beauté ne cederoit en rien à celui des Hesperides. Le Canal entre Porquerolles & Ribaudas, est assez profond pour le passage des grands Vaisseaux. Vn dangereux écueil à l'Orient de l'Isle de Leuant paroist quelques-fois grand comme vne Barque de Pescheur, & souuent est enseueli sous les eaux: les gens de Mer le refüient auec grande precaution. La forte Tour de Bregançon sur le roc dans la Mer a vn Gouuerneur. La Mer entre cette Tour & la Coste d'Yeres a vn bon fond de sable où les vaisseaux peuuēt jetter l'anchre auec asseurance, car il y a bien quatre ou cinq brasses de profondeur. S. Tropez auec son port est sur vn Golphe de mesme nom qui porte aussi celui de Grimaud. Il a en son voisinage le petit port de Cauales defendu d'vne forteresse qui luy commande. Frejus a autre-fois eu vn bon port, dans lequel Auguste faisoit retirer les Flottes qu'il tenoit en ces quartiers: aujourd'hui, il est peu asseuré & fort exposé aux vents: d'ailleurs son fond n'est que de vase & peu capable de retenir les anchres. La Ville est vn peu auant en terre, & l'on en a tiré vn canal vers le Couchant du costé de la riuiere d'Argens. Les deux petites Isles des Lions prés de la Terre-ferme sont éloignées l'vne de l'autre de la portée du mousquet, & la Mer qui en est proche est assez profonde pour la nauigation. Cannes auec son port est vis à vis des Isles Sainte Marguerite & Saint Honorat, qui sont quelques-fois connuës sous le nom d'Isles de Lerins. Celle de Sainte Marguerite est separée du Continent par vn Canal que l'on nomme le Gourjan; elle a son principal port au dessous de sa forteresse sur sa coste Septemtrionale. L'Isle Saint Honorat separée de l'autre par le Friou, a vne forte Abbaye. L'an 1636. les Espagnols se saisirent de ces deux Isles pour incommoder le commerce de la Prouence, mais nonobstant toutes les fortifications qu'ils y firent, ils en furent délogez l'année suiuante par les Armes du Roy.

Antibes autre-fois Euesché, est la derniere ville de France sur cette Coste, c'est pourquoy elle est bien fortifiée & defenduë d'vne bonne Citadelle pour la conseruation de son port. Il ne reste qu'vne plage iusqu'au fleuue de Var, lequel en cét endroit separe la France & l'Italie.

DES COSTES D'ITALIE
Sur la Mer Mediterranée.

De la Coste de Génes.

TOUTE la Coste entre les Riuieres de Var & de Magre, est connuë sous le nom de Génes, Ville & Republique qui la possede presque toute.

Niçe au Duc de Sauoye est accompagnée d'vn Chasteau & d'vne forte Citadelle. Elle est sur vne baye, en laquelle à la portée du mousquet, la Mer est profonde de plus de cent brasses ; de sorte que pendant les grands vents, les vaisseaux ont peine à y demeurer à l'anchre ; & c'est pour cela qu'ils s'y arrestent le moins qu'ils peuuent, aimant mieux se retirer au port de Ville-franche. Les Mariniers nean-moins peuuent approcher du Quay de Niçe, & y descharger leurs marchandises auec facilité, parce qu'il y a bien 30. & 35. brasses de profondeur : Ils y ont aussi la commodité de prendre de l'eau douce sous vn rocher qui en est proche. Le Port de Ville-franche pareillement au Duc de Sauoye, est d'autant plus commode, qu'il est profond de 15. & de 16. brasses, large d'vn quart de lieüe, & bordé d'vn terrain fort releué, ce qui fait que les Vaisseaux y sont en toute seureté.

Mourgues, dit autrement Monaco, est sur vn rocher qui s'auance dans la Mer, & qui forme en mesme temps vn port fort commode. Son Prince qui est en la protection de France, a encore sur la Coste la petite ville de Menton, prés de laquelle il y a vne petite plage de 8. 10. & 12. brasses d'eau. Vintemille Ville & Chasteau, San-Remo, & Porto-Maurizzo appartiennent à la Republique de Génes ; Oneille au Duc de Sauoye ; Albenga à la Republique de Génes, & Final au Roy d'Espagne. Toutes ces places sont plustost des plages que des ports, & ne sont gueres visitées que par des Barques ; Noli est aux Génois, de mesme que le reste de la Coste ; Vay a vne forteresse, & donne son nom à vn petit Golphe. Les Galeres d'Espagne qui portent des troupes, ou qui en vont prendre dans l'Estat de Milan, abordent d'ordinaire en celui de Vay, parce

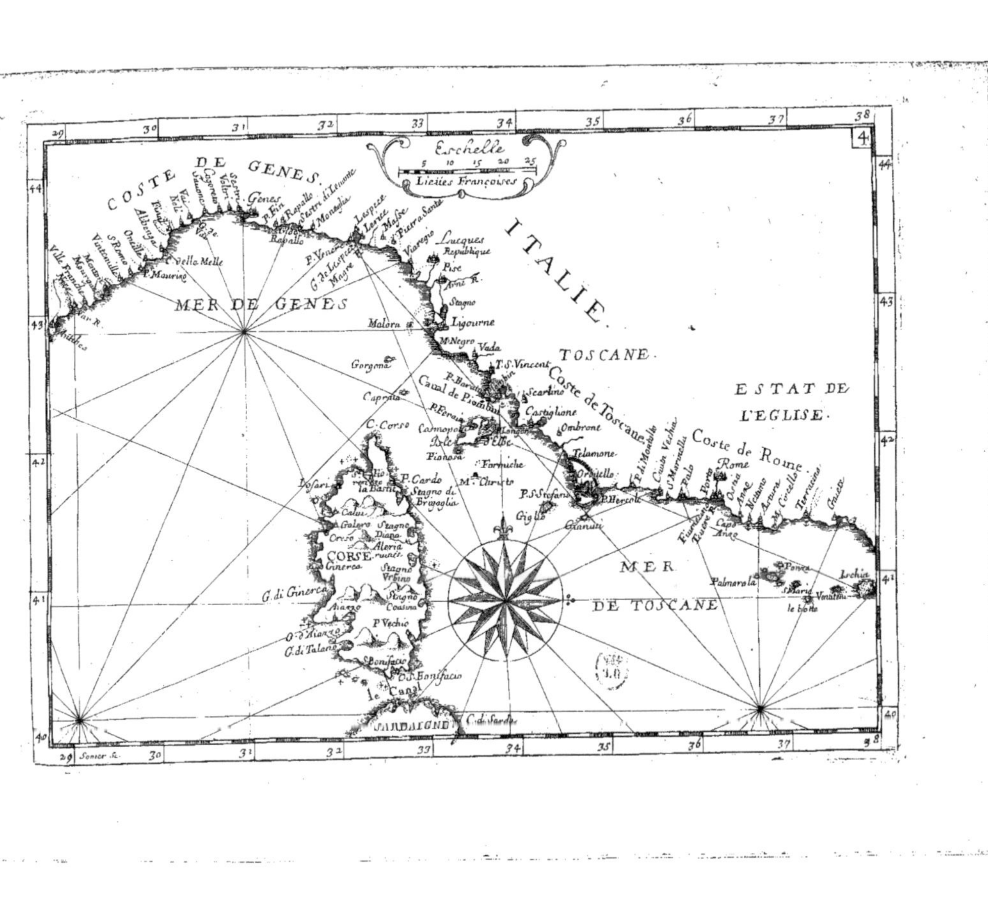
4
Eschelle
5 10 15 20 25
Lieües Françoises
COSTE DE GENES.
Genes
Rapallo
Monaglia
Lespece
Lerice
Masse
Pietra Santa
Viaregio
Lucques
Republique
Pise
Arne R.
Stagno
Ligourne
Vada
ITALIE.
TOSCANE.
MER DE GENES
P. Mauring
Vella Melle
Var R.
Antibes
Malora
M. Negro
T. S. Vincent
Gorgona
Capraja
Coste de Toscane.
Scarlino
Castiglione
Ombrone
Telamone
Orbitello
P. Hercole
ESTAT DE
L'EGLISE.
Coste de Rome.
Rome
Terracina
C. Corso
Isle d'Elbe
Fionosa
Formiche
M. Christo
P. S. Stefano
Giglio
Gianuti
P. Cardo
la Bastie
Stagno di Brujaglia
Calui
Galero
Stagno Diana
Aleria
CORSE
Stagno Urbino
Stagno Cousina
G. di Ginerca
Aiazzo
C. di Talano
P. Vechio
Bonifacio
C. S. Bonifacio
le Canal
SARDAIGNE
C. di Sardo
MER
DE TOSCANE
Ponce
Palmarola
Ischia
Venatini
le botte
29 30 31 32 33 34 35 36 37 38
40 41 42 43 44

parce qu'ils ont les Génois à leur deuotion, & qu'ils y trouuent leur commodité pour faire le reste de leur chemin. Sauone Ville & Chasteau est accompagnée de son Port, qui ne peut receuoir que des Barques, depuis que ceux de Génes en ont fait combler l'entrée, dans la crainte que le negoce de Sauone ne diminuast le leur.

Génes est l'vne des plus puissantes villes d'Italie, & qui peut mettre plusieurs Galeres sur Mer: son Port a vn Mole de 600. pieds de longueur, & nean-moins il n'est gueres seur, car il s'y perd souuent des Vaisseaux & des Barques.

Entre Génes & Porto-fin qui a vn fort & vn petit port où l'on est à l'abri contre toutes sortes de vents, on ne peut gueres moüiller l'anchre auecque seureté. Rapallo donne son nom à vn petit Golphe. Lespece & Louicé sont sur le Golphe de la Spetia, le long duquel il y a quatre Chasteaux pour sa defense: la forteresse Sainte Marguerite y est fort considerable & bastie regulierement. On trouue deux petites Isles à l'entrée de ce Golphe, deuant Porto-Veneré; l'Occidentale, qui est la plus petite, est fort proche du Continent, & le canal qui l'en separe n'a que six pieds de profondeur, c'est pourquoy les vaisseaux n'y passent point, ils passent entre les deux Isles où il y a quatre brasses d'eau.

De la Coste de Toscane.

CETTE Coste est immediatement apres la Riuiere de Magre; & la Mer de Toscane dite autrement Tirrhene & Inferieure, se trouue entre l'Italie, les Isles de Corse, de Sardaigne & de Sicile.

Apres la Magre, il y a vne plage où aboutissent quelques Terres du Marquis de Masse, du Grand Duc, & de la Republique de Lucques. Cette Republique y tient Viareggio, qui n'a qu'vne plage auec vne tour & peu de maisons: la Rade où les vaisseaux sont contrains de demeurer est fort incommode, & le fond de la Mer n'y est pas propre à receuoir les anchres.

Liuourne ou Ligourne ville moderne se presente apres que l'on a passé les bouches de l'Arne. Elle a vn excellent port, le sejour des Galeres du Grand Duc, de bonnes fortifications, deux puissans Chasteaux, & vn fort triangulaire vers la Lanterne. A cinq milles de Ligourne, il y a dans la Mer vn rocher nommé la Malora, d'où vn banc de sable va iusqu'à la ville du costé d'Occident, & c'est ce qui fait la bonté de la rade. La petite Isle Gorgone d'vne lieüe & demie de tour, est au Sud-Oüest de ce Rocher, auec vn Chasteau. Celle de Capraïa qui est plus vers le Midi est des dependances de Génes, & a vne bonne plage à son Leuant. La Coste qui suit iusqu'à Porto-Barato est fort mauuaise: Il y a mesme à mi-chemin de Ligourne à Piombin vn écueil caché sous 8. ou 9. pieds d'eau nommé les Seches de Vade. C'est ici où est la Ville, le Chasteau & le Port de Piombin auec garnison du Roy d'Espagne, qui tient aussi en l'Isle d'Elbe Porto-longon deffendu de cinq bastions reguliers dans le roc, & d'autant de demi-lunes reuestües de pierres. Le canal d'entre-deux est large d'enuiron trois lieües & demie. Le mesme Roy est encore maistre de Telamone, où il y a vn fort, d'Orbitello forte place dans vn Lac, de Porto S. Stephano, de Port-hercole à l'entrée duquel il y a deux Chasteaux; & toutes ces places seruent de galerie &

D

de retraite à ses vaisseaux qui viennent de Naples, de Sicile, & de ses autres Estats : car ils ont accoustumé de s'y arrester pour y renouueller les garnisons & pour en emmener les vieux Soldats dans les lieux où ils en ont besoin. Les Espagnols les conseruent d'autant plus soigneusement qu'elles empeschent le Grand Duc de suiure vn autre parti que le leur ; d'où vient qu'ils les appellent les manotes de Toscane. Nous en auons veu des preuues dans les dernieres guerres d'Italie, car lors que l'on a voulu enuoyer des troupes pour le secours de l'Estat de Modene, on a preferé de les faire debarquer à Lericé ou à Viareggio.

Porto-Ferraio en l'Isle d'Elbe appartient au Grand Duc, qui s'en est rendu maistre par bien-seance, & y a fait faire trois forteresses pour sa conseruation. Le reuenu de l'Isle appartient au Prince de Piombin, qui en retire de l'Estain, du Plomb, du Fer, & particulierement de l'Aimant. Il y a dans le voisinage quelques autres petites Isles qui dependent de la Toscane ; celle de Pianosa est fort basse & sans habitans : quelques Cheualiers de Malthe auoient eu dessein de s'y fortifier, mais le Grand Duc ne le permit pas : Elle est celle où Tibere fit tuër Agrippa petit fils d'Auguste. Les Formigues sont des écueils dont quelques-vns sont sous l'eau, d'autres à fleur d'eau, & la plus-part quatre ou cinq pieds au dessus. Monte-Christo est fort haute. Giglio ou l'Isle du Lys de 25. milles de circuit a quelques vignobles & vn bourg auec vne forteresse, laquelle Barberousse ne pût prendre. Gianuti a vn port, mais elle n'a ni eau douce, ni habitans.

De la Coste de Rome.

LE petit Port de Montalto fait partie du Duché de Castro qui appartient au Duc de Parme, mais qui est maintenant possedé par le Pape. Montalto au dedans des terres a esté fortifié depuis peu. Ciuita-vecchia Ville auec Chasteau est accompagnée d'vn Port, qui est comme la clef de l'Estat Ecclesiastique sur cette Plage : c'est pourquoy la dépense n'a pas esté épargnée pour ses fortifications, & pour la conseruation du Mole de son Port, où le Pape tient ses Galeres. Ce Port ne peut gueres receuoir plus de 8. ou 9. vaisseaux de haut bord, encore auec peu de seureté lors de la tempeste, à cause de quelques petits écueils & du peu de fond qu'il y a. C'est le rapport qui en fut fait à sa Sainteté, l'an 1656. par ceux qu'elle y auoit enuoyez pour ce sujet. On y a basti depuis peu vn fort bel Arsenal pour les Galeres. Ciuita-vecchia & tout le reste de la Coste Romaine, jouït d'vn tres-mauuais air, sur tout en Esté. Santa-Marinella au Prince de Palestrine a vn petit Port pour des Barques, lequel estoit beaucoup meilleur, auant qu'Innocent X. l'eust fait gaster. Palo du Duché de Bracciano n'a qu'vne plage & vn Chasteau defendu de 4. petites Tours. Fiumecino prés de Porto est la principale bouche du Tibre, defenduë d'vne seule Tour : & c'est par cét endroit que les Barques remontent à Rome. Ostia sur le vieil canal n'a que 4. ou 5. maisons & vne Chapelle, auec les ruines qui luy restent des magnifiques ouurages que les anciens Romains y auoient faits. Nettuno & Astura ont leurs Ports, dont le premier a esté fortifié & rendu meilleur qu'il n'estoit, mais l'autre est peu considerable. Terracina la derniere place de cette Coste, est grande & bien fortifiée. Elle est l'vne des quatre villes qui furent accordées par le Pape Alexandre VI. au Roy Charles VIII. en sa Conqueste de Naples : les autres estoient Ciuita-vecchia, Viterbe, & Spolete, mais cette derniere ne fut point remise à sa Majesté, qui n'eut les trois premieres que parce qu'il s'en estoit déja rendu le maistre.

Des Costes de l'Isle de Corse.

L'Isle de Corse, dite Corsegue par les Gens de Mer, est pleine de Montagnes, dont celles du milieu sont beaucoup plus hautes que les autres qui sont prés de la Coste, laquelle est fort basse : & cela trompe souuent les Pilotes en temps obscur, car pour lors, ils s'en croyent éloignez au lieu qu'ils en sont proches. Elle reconnoit les Génois qui ont éleué force Tours le long de ses Costes, & qui en font venir les bois necessaires à faire les mats de leurs vaisseaux. En sa partie Orientale, il y à quatre ou cinq grands Estangs qui par des entrées étroites reçoiuent les vaisseaux.

La Bastie la ville capitale de l'Isle de Corse est accompagnée d'vn Chasteau & d'vn Port de mesme nom. Calui est vne place fortifiée, à cause de la bonté de son Port. Galera & Creso ont chacun leurs Ports. Aïazzo sur son Golphe est forte & par art & par nature, car la Mer l'enuironne en trois endroits. Bonifacio a vn bon Port qui s'auance extremement en terre, & qui a vn fort Chasteau à l'Orient de son entrée.

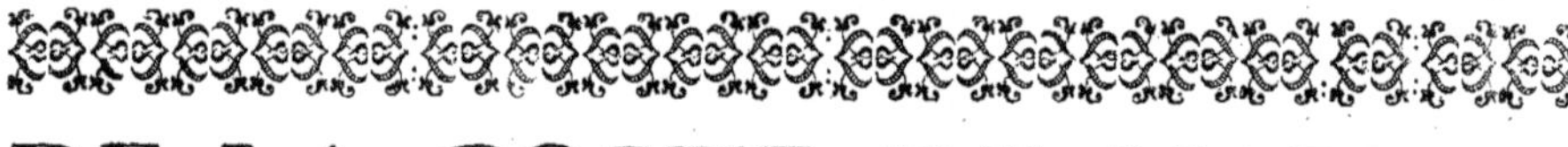

DE LA COSTE DE NAPLES.

Aïete la premiere place de cette Coste vers le Couchant, est fortifiée & accompagnée d'vn Port où l'on trouue l'abri de tous Vents, si ce n'est de celui de Sud-Est. Le long du Golphe de Naples, il y a Bayes sur vn autre petit Golphe qui suit immediatement le Port de Misene, dans lequel Auguste tenoit plusieurs vaisseaux. Il y a aussi Pouzoles, Naples & Castel-à-Mare, auecque leurs Ports. En celui de Naples les Vaisseaux n'ont pas la seureté necessaire contre les grands Vents de Sud-Est. Amalfi est depourueu de Port, & la Plage de Salerne a vn bon fond pour les anchres. La Coste est fort basse iusqu'au Cap della-licosa, au lieu que celle qui suit le Golphe de Policastro est fort haute, & sans aucun Port notable. Ce Golphe a d'assez bonnes retraites pour les vaisseaux, mais le reste de la Coste iusqu'au Cap Sciglio en a fort peu. Reggio & son Port sont en la partie la plus Meridionale d'Italie. Tout cela reconnoit le Roy d'Espagne, de mesme que font les petites Isles qui en sont proches. Celle de Ponza est peu habitée : Palmarola & les autres plus petites sont desertes. Ischia est presque enuironnée d'écueils, & fort peuplée de mesme que Prochita sa voisine. Le Canal entre ces deux Isles n'est pas assez large pour laisser le passage libre aux grands vaisseaux. Nisita a vn Chasteau & vn Port. Capri est connuë par la prise des Cailles & des Ortolans, cõme autrefois par les débauches de Tibere. Il y a neuf principales Isles que l'on fait passer sous le nom de Lipari, ce sont celles où les Romains gagnerent leur premiere victoire nauale sur les Carthaginois. La plus grande a bien 16. milles de tour, auec vne ville & vn port. Barberousse l'a prit & l'a ruina l'an 1544. & en emmena bien sept mille personnes qu'il fit esclaues; mais depuis elle a esté rétablie & fortifiée. Volcano jette du feu. Stromboli en jette aussi, & est accompagnée d'vn port. Stromboleta n'est qu'vn grand rocher. Panaria consiste en quatre petites Isles. Salini a des vignes & des arbres fruitiers. Felicur nourrit du bestail. Vstica la plus Occidentale n'a que les restes d'vne ville ruinée, & les Corsaires y font souuent leur retraite.

Des

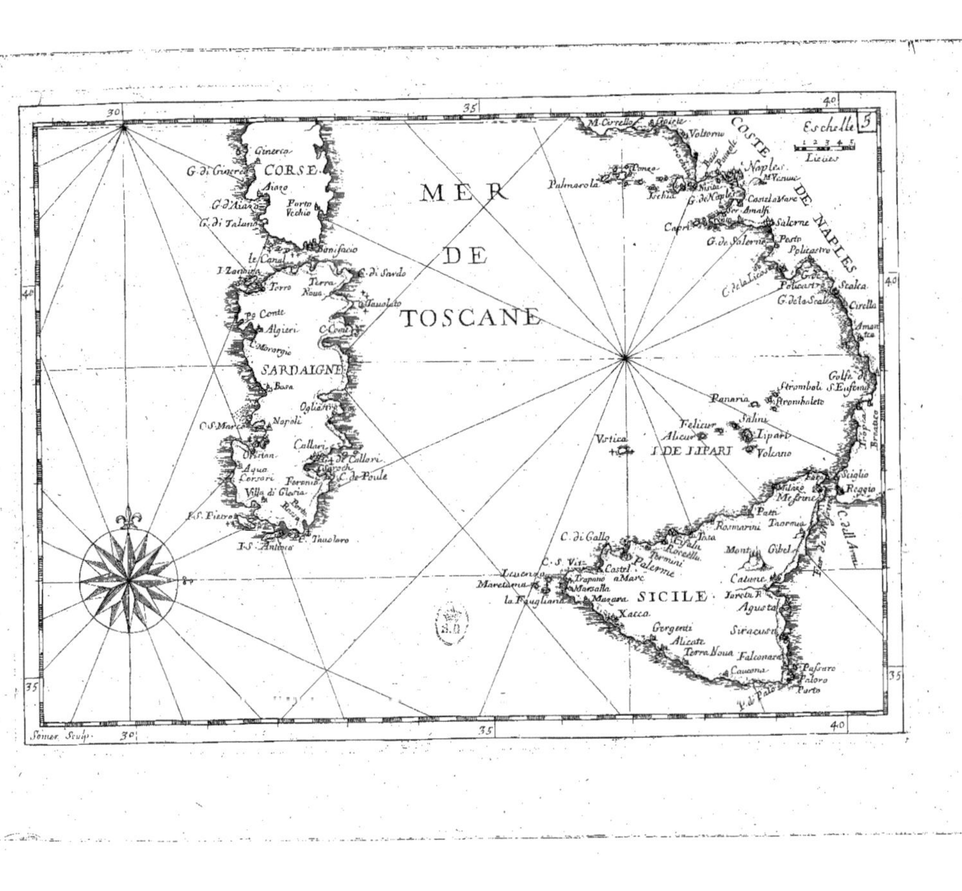
MER
DE
TOSCANE
CORSE
SARDAIGNE
SICILE
I. DE LIPARI
COSTE DE NAPLES
Eschelle
Lieües
5
Naples
Palerme
Messine
Reggio
Bonifacio
Porto Vechio
Ajaco
Callari
Oristan
Trapano
Marsalla
Mazara
Xacca
Gergenti
Alicate
Terra Noua
Siracuse
Agusta
Catane
Taormina
Lipari
Volcano
Stromboli
Salerne
Capri
Ischia
Palmarola
Vstica
Somer Sculp.

Des Costes de l'Isle de Sicile.

LA Sicile est separée de la Terre-ferme d'Italie par le Far ou Détroit de Messine, lequel est large seulement d'vn mille & demi là où il est le plus serré, & long de vingt-cinq depuis le Cap Sciglio iusqu'à celui dell-armi en Calabre. Le tournoyement d'eau qui s'y fait à cause de la proximité des Terres & des diuers courans de Mer qui s'y rencontrent, est ce que les Anciens ont appellé Charibde. Les vaisseaux qui viennent du Septemtrion approchent plus de la terre de Sicile, parce que le choq & le mouuement des flots le permettent ainsi. Messine la ville la plus riche & la mieux peuplée de toute la Sicile, a l'vn des meilleurs Ports de toute la Mer Mediterranée : Il est si grand & si asseuré, que les anciens Romains y ont souuent dressé & tenu des Armées Nauales. Les vaisseaux y sont à l'abri de tous vents ; & outre cela, ils y sont hors de danger d'estre attaquez de qui que ce soit du dehors, à cause des forts que les Espagnols gardent soigneusement sur les auenuës. La Coste Septemtrionale a plusieurs bons Ports. Celui de Milazo est découuert du Ponant & du Nord-Est. Tosa est vn lieu où l'on charge des grains que l'Isle fournit abondamment. Le Port de Palerme est fort frequenté, parce que la Ville est la capitale de toute l'Isle, & le sejour du Viceroy. Trapano en la pointe du Couchant est dans vne assiette fort importante, auec vn excellent Port où il y a toûjours plusieurs vaisseaux. Ses habitans retirent vn grand profit des Salins, comme aussi de la pesche des Tons & du Coral. Des trois Isles qui en sont proches, Maretama est la plus éleuée, auec vn fort pour fauoriser la pesche du Coral ; & la Faugliana la plus grande, est defenduë d'vn Chasteau à cause de ses bonnes retraites, & de l'eau douce qu'elle a en abondance. Les autres petites Isles ne sont que des écueils que les gens de Mer appellent Formicoles. Xacca & Alicate sont des places où l'on embarque les grains pour Malthe & autres lieux.

Le Cap Passaro a vne grosse tour en laquelle on fait fanal. Le fond de la Mer au Septemtrion & proche de ce Cap ne vaut rien, car les roches aiguës y coupent les chables. Siracousa, dite Sarragosse de Sicile, Agusta & Catania ont les meilleurs Ports de la partie du Leuant. Iareta est la seule riuiere de Sicile qui puisse receuoir des Galeres.

Des Costes de l'Isle de Sardaigne.

LA Coste Orientale de l'Isle de Sardaigne est entre-coupée de plusieurs Golphes. Celui de Callari, qui est la ville capitale de toute l'Isle, fournit aux vaisseaux vne bonne & asseurée retraite, & le fond de la Mer y est propre pour jetter l'anchre. Le Cap Saroch a deux Tours qui font fanal. La Coste qui suit vers le Midi a quelques écueils, mais le petit port de Rossa vis à vis d'vne Isle de mesme nom est fort bon. Les grands vaisseaux peuuent passer entre l'Isle S. Antioche

& la Sardaigne. L'Isle Saint Pierre est basse du costé de Leuant, & fort haute vers le Couchant, où elle a quelques écueils; Il y a nean-moins passage entre ces écueils & l'Isle. Les Corsaires se postent souuent autour de ces Isles, pour mieux découurir les vaisseaux Marchands qui vont à Callari ou à Rossa. Oristan, Napoli & Algieri en la Coste Occidentale ont leurs Ports, mais la ville d'Oristan est peu habitée à cause du mauuais air que lui causent les Estangs voisins. L'Isle Zanaïra a force bestes fauues.

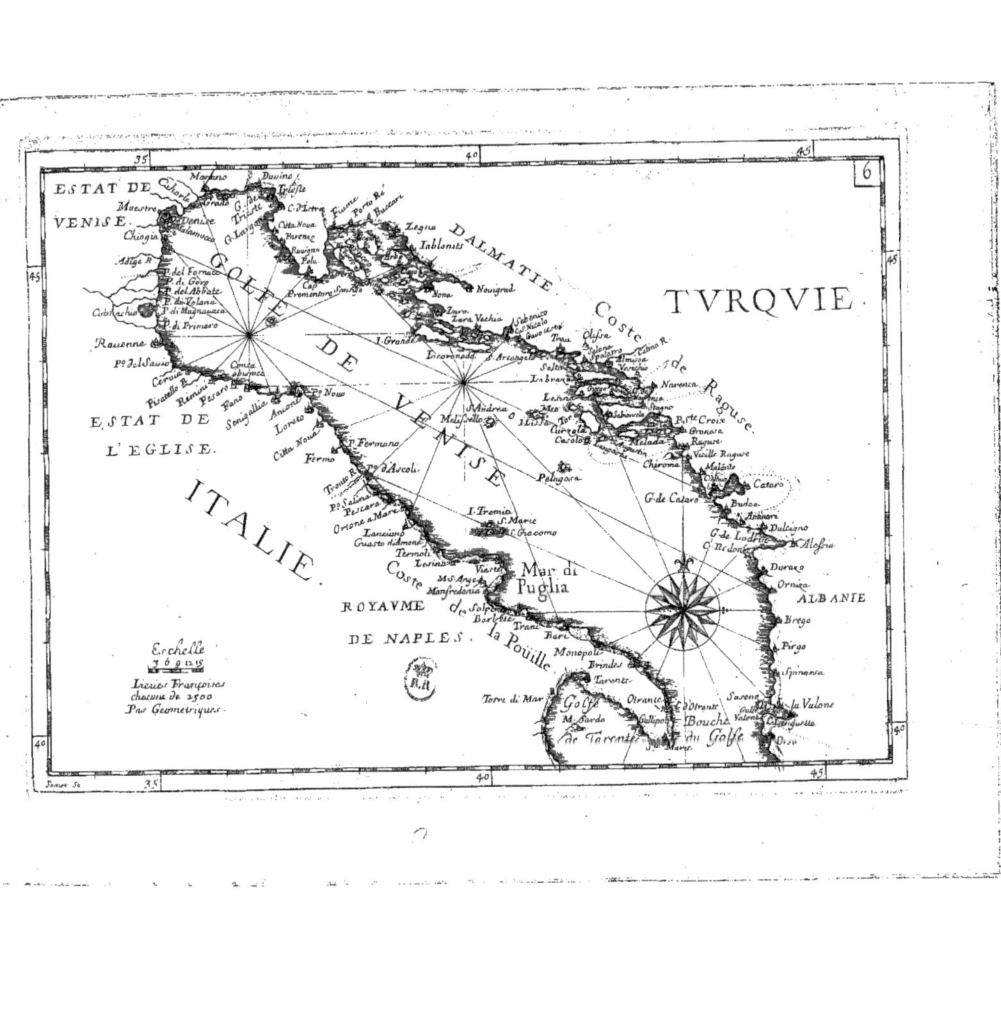
6
ESTAT DE
VENISE.
TVRQVIE.
DALMATIE
GOLFE DE VENISE
Coste de Ragusе.
ESTAT DE
L'EGLISE.
ITALIE.
ROYAVME
DE NAPLES.
Coste de la Poüille
Mar di Puglia
ALBANIE
Golfe de Tarente
Bouche du Golfe
Eschelle
Lieues Françoises
chacune de 2500
Pas Geometriques.
Trieste
Fiume
Zara
Ravenne
Rimini
Pesaro
Ancone
Loreto
Fermo
Pescara
Termoli
Manfredonia
Pelagosa
Ragusе
Cataro
Dulcigno
Durazo
Brindes
Monopoli
Bari
Trani
Otrante
Gallipoli
Tarente
la Valone
35
40
45

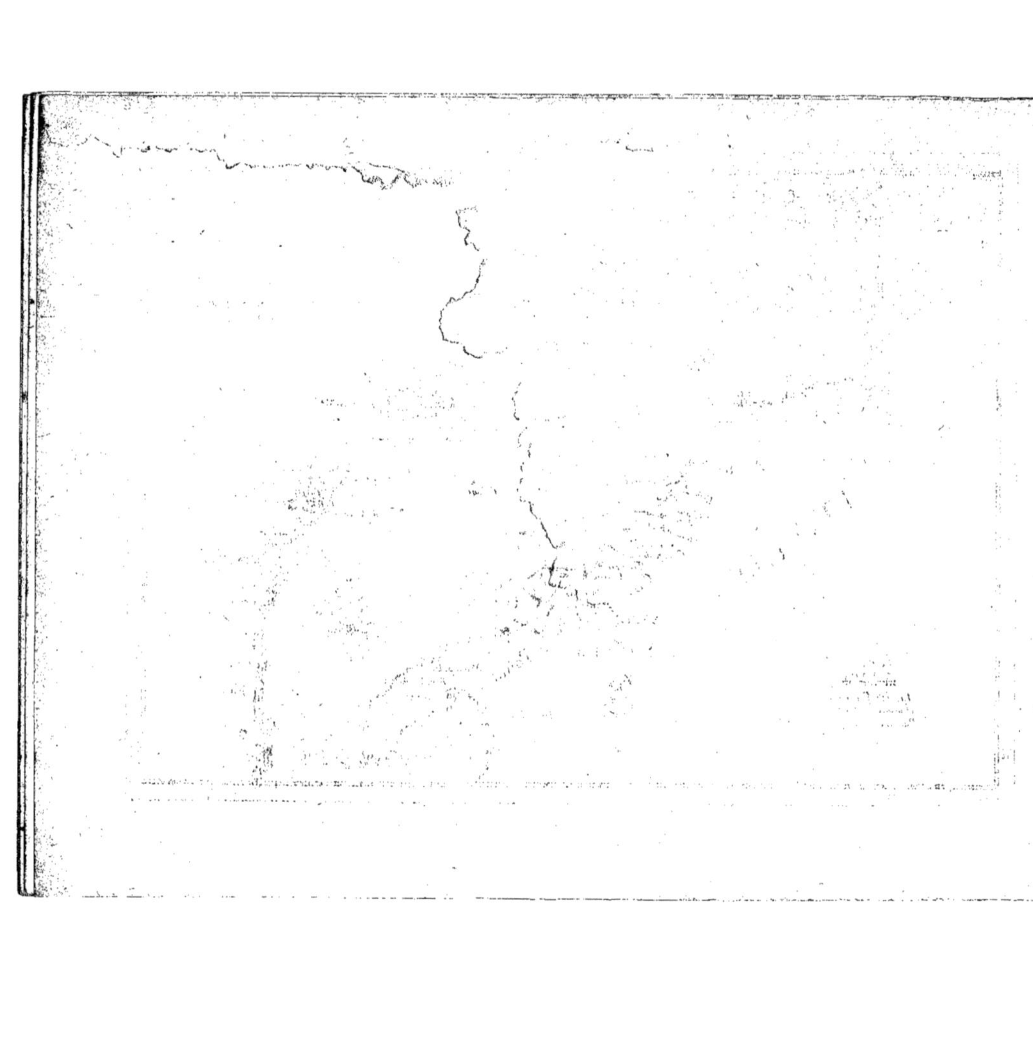

DV GOLPHE DE VENISE.

E Golphe eſt long d'enuiron ſept cent milles & large de deux cent, mais cette largeur n'eſt pas par tout ſi grande. Sa bouche a enuiron 50. ou 55. milles de largeur entre le Cap d'Otrante & celui de la Lenguetta prés de la Valone. C'eſt là où Pirrhus, & depuis luy Marcus Varro Lieutenant de Pompée eurent deſſein de faire vn pont de batteaux. On remarque qu'en ce Golphe, le long des Coſtes d'Italie les courans de Mer font vers l'Orient en Hiuer, & vers l'Occident en Eſté. Les vaiſſeaux qui vont à Veniſe rangent plus ordinairement & auecque plus de ſeureté la Coſte de Dalmatie, qu'ils ne font celle d'Italie : à la hauteur d'Ancone, ils trouuent 23. & 27. braſſes d'eau. Vers Citta-Noua, & à ſept ou huit milles de la Terre-ferme d'Iſtrie, il y en a 18. 17. & 16. lors qu'en allant de nuit vers Veniſe on ne trouue plus que ſept ou huit braſſes, on doit jetter l'anchre & attendre le jour. La couſtume eſt d'aller prendre des Pilotes à Rouigno ou à Parenzo : on les trouue l'Eſté à Rouigno, & l'Hiuer à Parenzo.

De la Coſte de Poüille.

POur ſuiure doncques les Coſtes de ce Golphe en y entrant, il y a en premier lieu à gauche celle de la Poüille, au Roy d'Eſpagne. Otrante a vn Port aſſez grand & defendu d'vn fort Chaſteau baſti ſur le roc, d'où il commande à la Mer voiſine. Ce Port eſt à l'abri de preſque tous les Vents, ſi ce n'eſt de celui de Nort. L'an 1481. les Turcs ſous Mahomet II. ſe ſaiſirent d'Otrante, & la garderent quelque temps. Entre Otrante & Brindes la plage a vn fond de ſable ſans écueils & commode à jetter l'anchre. Brindes a vn Port conſiderable par ſa grandeur & par ſa bonté, outre qu'il eſt defendu de deux Chaſteaux ; la petite Iſle qui eſt à ſon entrée en a vn, & les vaiſſeaux qui y arriuent ne doiuent pas approcher ſi prés de la Coſte Orientale ; A cauſe des écueils qu'il y a, il faut qu'ils paſſent du coſté du Chaſteau de l'Iſle. C'eſtoit à Brindes que s'embarquoient les anciens Romains pour aller en Grece. Le Port de Bari ne peut receuoir que des Barques, car il y a des roches qui empeſchent que l'on n'y puiſſe ſeurement jetter l'anchre, bien qu'il y ait dix ou douze braſſes d'eau. Il ne faut pas que les grands vaiſſeaux aillent au delà du lieu où ils en trouuent 18. 17. & 16. Trani a eſté vn lieu commode à bastir des vaisseauz , mais aujourd'hui son Port est presque bouché par le sable. Barlette a vn Port asseuré, dont le fond est fort bon, bien qu'il n'ait que 7. 8. ou 9. brasses d'eau. Manfredoine en a vn lequel a esté vne fois pris par les Turcs. Du haut du Mont S. Ange qui en est proche, on peut voir Raguse en temps serein. La Mer forme ici vne espece de Golphe que l'on nomme la Mer de Poüille. Ortone-à-Mare a vn Port de mediocre grandeur : à vn mille dans la Mer le fond est de 14. & de 15. brasses, mais cette plage est incommode. Porto-Salina est vn petit Port accompagné de son village : c'est le dernier du Royaume de Naples. Les petites Isles de Tremithi sont au nombre de quatre. Sainte Marie en est la plus grande auec vne petite ville defenduë d'vn Chasteau assis sur le roc : celle de S. Iacomo a vne Tour : les deux autres n'ont point d'habitans.

De la Coste de l'Eglise sur le Golphe de Venise.

LA Coste qui suit, est celle de l'Eglise où il n'y a pas de meilleur Port que celui d'Ancone, l'vn des plus renommez de l'Italie. Il est grand & fort seur ; d'ailleurs il est frequenté des Marchands Ragusois, Esclauons & autres. Senigaglia a vn assez bon Port. Celui de Rimini, qui estoit autrefois si bon, ne reçoit plus que des Barques. Le Port de Rauenne est peu de chose, au lieu que du temps d'Auguste il seruoit de rettraite aux Flottes Romaines. Magna-vacca est vn fort pour la conseruation des Salines de Comachio. Les bouches du Pô dans lesquelles les moyens vaisseaux peuuent entrer, sont au nombre de cinq ; sçauoir celles de Primaro, de Volana del-Abbate, de Goro & de Fornace. Les Terres de l'Eglise finissent entre les deux dernieres.

De la Coste de Venise.

VEnise est dans vne assiette merueilleuse, au fond de son grand Golphe , bastie sur plusieurs petites Isles que forment les eaux de la Mer & celles de quelques Riuieres de la Terre-ferme. Au Leuant de ces Isles, il y a vne grande langue de terre, longue de 35. mille d'Italie & large de deux, auec plusieurs ouuertures qui donnent moyen aux vaisseaux d'y entrer. Les principales sont Porto di Malamacco & Liddo-magiore. L'an 1655. quatre vaisseaux venans des Indes Orientales aborderent en celui de Malamocco ; ce qui n'estoit point arriué depuis cent ans. Et l'an 1662. les Venitiens l'ont encore rendu meilleur, octroyans en mesme temps de nouueaux priuileges aux Marchands estrangers. Cahorle & Grado ont plus de Pescheurs que de Marchands. Marano a vn canal que l'on y a fait iusqu'à Palme la Nove pour la conseruation de cette forteresse tres-importante à l'Estat de Venise. Duino & Trieste, qui donne son nom à vn Golphe, sont à la Maison d'Austriche. La ville de Trieste a vn bon port & vn Chasteau ; qui nean-moins est commandé. Toute la Coste d'Istrie qui suit, est aux Venitiens. Le petit Golphe Largone est vne bonne retraite pour les vaisseaux. Il y a d'autres Ports dont celui de Rouigno est le meilleur & le plus celebre. Rouigno est vne ville fort peuplée & jointe à la Terre-ferme par vn pont.

pont. Elle a du costé de Parenzo vn dangereux écueil à vn mille du Continent. Vis à vis du Cap Premontore, il y a deux autres écueils, & le plus grand en est plus proche. C'est ici l'endroit où l'on commence à parler Esclauon, & où finit la Coste d'Italie.

De la Coste de Dalmatie.

LE commencement de la Coste de Dalmatie est à la Maison d'Austriche qui y tient les Ports de Fiume, Porto-Ré, Buccari, & Zegne, mais tous ces Ports ne peuuent receuoir que de moyennes barques. Ce sont les Vscoqs qui les habitent, & qui incommoderent fort les Venitiens lors qu'ils eurent à deméler auec eux. Cette contrée est l'ancienne Liburnie, où l'on faisoit les vaisseaux les plus legers & les meilleurs voiliers de toute la Mer Mediterranée. La Republique de Venise possede les meilleures places de cette Coste, où elle entretient bonne garnison, composée la plus-part de Capelets ou Albanois. Elle a entr'autres Nona & Zara, celle-ci la retraite de plusieurs de ses Galeres, enuironnée de Mer, attachée à la Terre-ferme par vn pont-leuis, defenduë de six bastions & d'vne puissante forteresse, & munie d'vn Arcenal bien fourni. S. Nicolo est vn fort Chasteau sur le roc, à l'entrée du Golphe de Sebenico. Les Turcs ont assiegé plusieurs fois, & à leur honte la ville de Sebenico. Cauo-Cesto est vn Chasteau: Trau est vne ville forte; Spalatro accompagnée de son Port, a en son voisinage les ruines de la ville de Salone, patrie de Diocletien, où dans le siege que les habitans soustinrent contre les gens de Pompée, les Dames donnerent leurs cheueux pour faire des cordages. Il y a aussi la forteresse de Clissa, que les Venitiens ont prise sur les Turcs dans les dernieres guerres. L'an 1658. les Venitiens eurent dessein de la faire razer, suiuant les memoires du defunt Dom Camille Gonzague, parce que les Infideles l'ayant vne fois reprise, se rendroient aisément maistres de toute la Dalmatie. Almissa est prés de l'embouchûre de la Cetina, qui est fort basse & fort dangereuse, bien qu'au dedans des terres elle soit assez profonde. Vesichio est sur vne Montagne. Narença aux Turcs, donne son nom a vn petit Golphe voisin.

Toutes les Isles le long de cette Coste, sont aux Venitiens, la plus-part pierreuses & peu habitées. On dit que toutes ensemble ont bien quarante mille habitans. Cherso & Osero nourrissent force moutons. Sansigo vers le mesme endroit a bon moüillage & bon fond autour d'elle, car il est de 16. & de 20. brasses. Nino autre Isle voisine a vn Port de dix ou douze brasses d'eau, capable de receuoir les grands vaisseaux. Vegia a le Port S. Nicolas. Arbe a vne ville de mesme nom, & deux autres bons Ports. Isola Grande & l'Incoronada sont au Midi des deux villes de Zara. Solta a peu d'habitans: la Braza est fort pierreuse. Lesina ou Liesena a vne ville & vn Chasteau inaccessible, elle a aussi vn Port vers le Couchant, mais il ne peut gueres receuoir que quatre ou cinq vaisseaux. Porto-Palermo en la mesme Isle est vn Port où les vaisseaux sont en toute seureté, son entrée estant fort serrée entre deux montagnes escarpées. Au Leuant de Lesina est Porto Grego, plus petit que les autres. Toutes ces retraites sont que les Insulaires s'adonnent fort à la pesche. Il y a bon moüillage entre les Isles Lesina & Torcula. Le Canal entre Curzola, & la Terre-ferme a bien 20. ou 25. brasses d'eau, auec vn bon fond pour les anchres. Curzola a vne place qui a resisté aux Turcs du temps de Selim II. mais ce fut par la braue resistance des femmes reuestuës des habits des hommes qui auoient füi lâchement. Casolo à 40. brasses vers l'endroit qu'elle regarde Lagosta. Lissa est celle du Golphe où il y a les meillleurs ancrages. Le Port S. George au Nord-Est y est assez bon, celui de Camise n'est pas seur contre le Sud-Oüest qui y fait chasser les anchres, Meo en est la principale place. Au Couchant de cette Isle est vn écueil de figure ronde que les Gens de Mer appellent Pomo. S. Andrea n'a que des bois,& n'est point habitée. Melisello est enuironnée d'écueils. A vn mille de Pelagose vers l'Orient, il y a à fleur d'eau vn rocher de la grandeur d'vn grand vaisseau ; & entre-deux, plus prés pourtant de ce rocher, il y a vn autre écueil, mais qui paroist sur l'eau.

Apres Narença suiuent en la Coste de Dalmatie les terres de la Republique de Raguse, laquelle paye au Turc vn Tribut annuel de 14000 Sequins. Stagno est vne place forte sur vn rocher : Sainte-Croix est vn Port capable de receuoir plus de deux cent Galeres. Les Turcs le demanderent inutilement aux Ragusois l'an 1656. pour y établir vne place d'Armes. Raguse est bien bastie, peuplée de plus de vingt-cinq mille ames, quoy que de petit circuit,& defenduë d'vn fort Chasteau. Son Port est petit, mais fort asseuré ; & on le ferme la nuit auec vne chaisne. La vieille Raguse, qui est l'Epidaure de Dalmatie, a vn moüillage. Le commerce de Raguse est si considerable, que la Coste de Dalmatie en porte quelque-fois le nom. Malanto auec son Port, est la derniere place de la Coste, aux Ragusois qui ont encore plusieurs Isles. Celle de Lagosta a vn bon Port. Il y a plusieurs écueils entre Lagosta & S. Augustin. Le Canal entre Melada & la Terre-ferme est fort nauigable & a vn bon fond. L'angle de Melada vers le Nort-Oüest a bien 50. brasses d'eau ; celui du Sud-Oüest en a 35. ou 36. Entre Mezo & le Continent, il y a bon moüillage, Mezo a vn Port assez grand & seur. Chiroma est vn rocher fortifié par les Venitiens dans le voisinage de Raguse, qui s'en trouue fort incommodée. Castel-nouo au Turc, est vne forteresse commandée de plusieurs endroits, à l'entrée du Golphe de Cataro ; les Espagnols en furent délogez par Barberousse l'an 1538. Les Venitiens tiennent la Ville & le Chasteau de Cataro, qui ont glorieusement resisté aux Infideles l'an 1657. Ils ont aussi proche de là, la Ville & le Port de Budoa, qui est peu frequenté.

De la Coste d'Albanie.

LE reste de la Coste du Golphe de Venise est connu sous le nom d'Albanie, & appartient au Turc.

Dulcigno y sert de retraite à plusieurs Fustes de Corsaires. Alessia est vn Chasteau où mourut Scanderberg le Fleau de l'Empire Ottoman. Durazzo a vn Port plus connu du temps des Romains qu'aujourd'hui.

La Valone sur vn petit Golphe a deux forts Chasteaux, celui de la Montagne commande à la ville, & l'autre au Port, lequel est grand & commode. L'an 1639. seize Galeres & deux Brigantins de Barbarie y furent défaits par vingt Galeres &

deux Galeoffes de Venise, qui deliurerent trois mille six cent Esclaues Chrestiens. Il y eut grand bruit à la Porte pour vne telle entrepise, mais les Venitiens appaiserent le tout à force d'argent, & en furent quittes pour deux cent mille Sequins qu'ils donnerent à Ibraim l'an 1641. La petite Isle Saseno a de l'eau douce, qui oblige souuent les Pirates de s'y arrester. Le Cap la Languetta fait la fin ou plustost le commencement du Golphe de Venise, auec le Cap d'Otrante qui est en Italie.

DE LA MER IONIENE

LA Mer Ioniene, qui conserue son ancien nom, est au Couchant de la Grece, au Leuant de la Sicile & de l'Italie, & s'auance vers le Septemtrion iusqu'à la bouche du Golphe de Venise.

De la Coste de Calabre.

APRES que l'on a passé Reggio, on trouue les Caps dell-armi & de Spartiuento en la partie la plus Meridionale de toute l'Italie ; les Golphes de Girace & de Squillace, qui ont des villes de mesme nom, mais sans aucun bon Port. En suite, se presente le Golphe de Tarente fort spacieux, lequel a vingt brasses de profondeur vers son commencement, puis 5. 15. & 10. prés de la ville de Tarente, où l'entrée du Port n'en a que 5. Le Port de Gallipoli sur le mesme Golphe, est encore considerable, à cause de l'assiete auantageuse de la ville de mesme nom. Le Cap de Sainte Marie est l'vne des pointes qui resserre ce Golphe : apres quoy, l'on rencontre le Cap d'Otrante à l'entrée du Golphe de Venise.

De la Coste d'Epire, &c.

LEs places de cette Coste appartiennent aux Turcs, hors-mis Butrinto & la Perga, qui sont aux Venitiens. Il y a en premier lieu le Port Orso, connû pendant la domination des anciens Romains, par le passage d'Italie en Grece. Auant la Guerre, ceux de Butrinto payoient cinq cent escus de contribution aux Turcs, mais en ayant cessé le payement, la place a esté prise & reprise. Elle est sur vn petit Golphe, à l'entrée duquel il y a vne grosse tour enuironnée de Mer pour la defense des Pescheries qui rapportent vn bon reuenu à la Republique. On trouue en suite la Bastie, Porto-Gomeniza, & la Perga, celle-ci sur le roc, defenduë de bastions du costé de Terre-ferme, & accompagnée d'vn Port où les Venitiens font porter

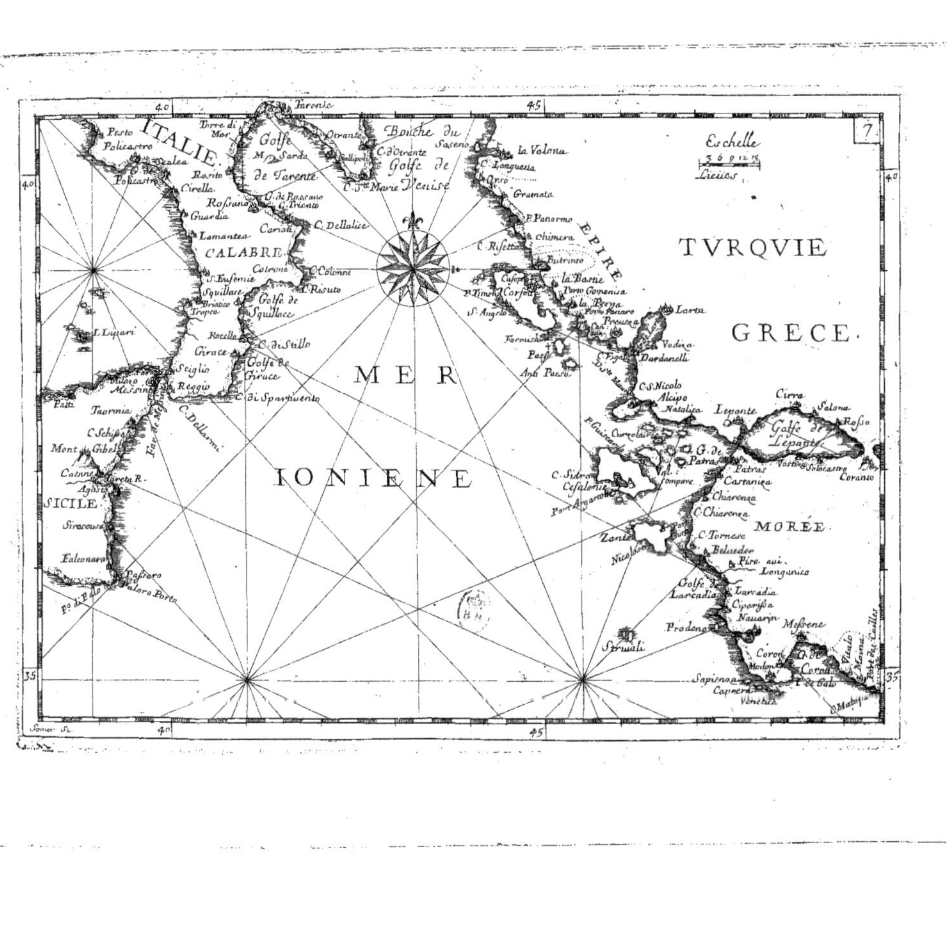

7
Eschelle
Lieües
ITALIE.
CALABRE
SICILE
TVRQVIE
GRECE.
EPIRE
MORÉE.
MER
IONIENE
Golfe de Tarente
Bouche du
Golfe de Venise
Golfe de Squillace
Golfe de Lepante
Taronte
Otrante
la Valona
Policastro
Rossano
Cotrone
Messina
Reggio
Taormina
Mont Gibel
Siracouse
Falconara
L. Lipari
C. Dellalice
C. Colonne
C. di Stillo
C. di Spartivento
Corfou
Butrinto
la Bastie
Porto Gomeniza
Larta
Vodiza
Dardanell
C. S. Nicolo
Natolica
Lepante
Cirra
Salona
Corento
Patras
Castaniza
Chiarenza
C. Chiarenza
C. Tornese
Belueder
Zante
Cefalonia
Larcadia
Navarin
Prodeno
Strivali
Coron
Modon
Sapienza
Capreza
Venetico
Pettalo
40
45
35

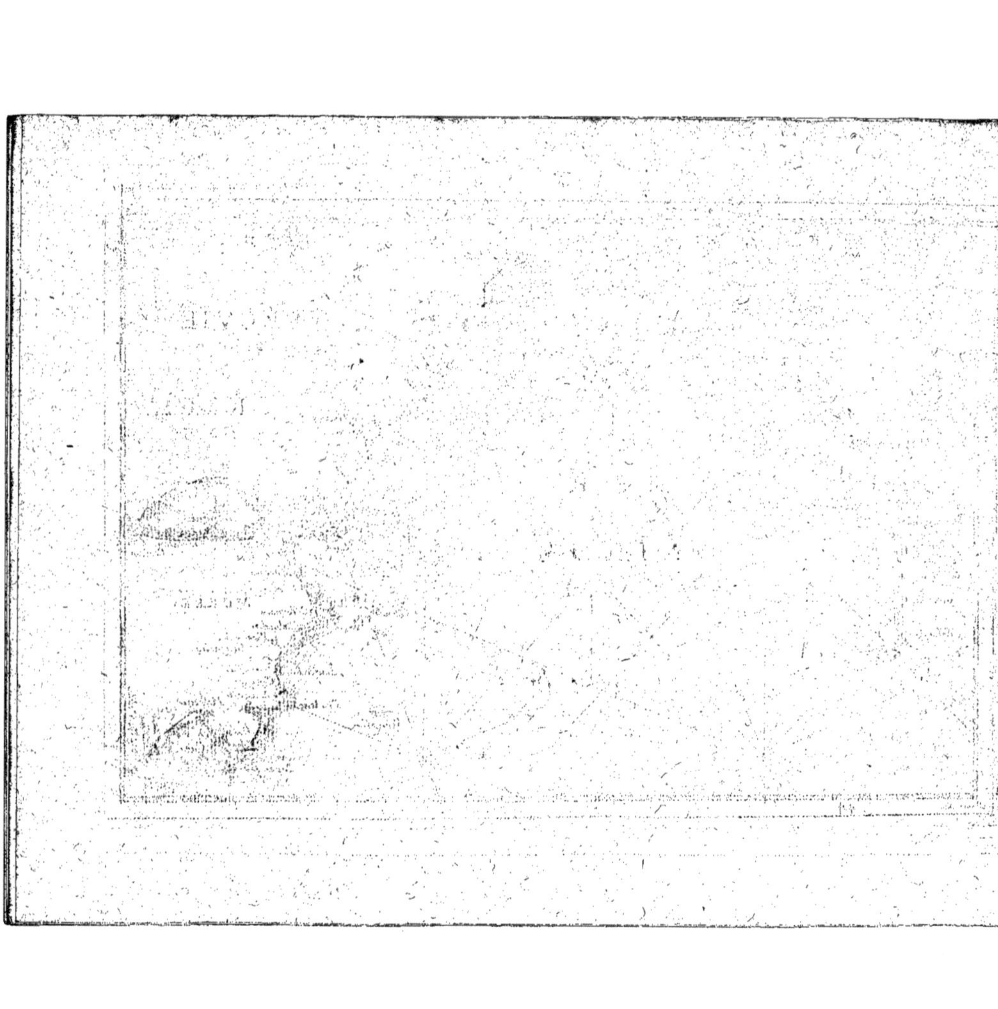

porter leurs Lettres pour Constantinople : Porto-Fanaro, Porto-Candila & la forte ville de Preueza dite autrefois Nicopolis. La plus-part de ces Ports ont le nom de Golphes, mais celui de la ville de Larta, laquelle a succedé à l'ancienne Ambracie est considerable par sa grandeur & par son entrée estroite, laquelle est defenduë de deux Chasteaux, dont celui de Figalo est en la place d'Actium. Ce fut prés-delà qu'Auguste gagna la fameuse Bataille de Mer sur Antoine & Cleopatre, en memoire dequoy, il fit bastir Nicopolis mentionnée ci-dessus.

Le long de la coste qui reste iusqu'au Golphe de Lepante, il y a l'Isle & la forteresse de Sainte-Maure, qui est l'ancienne Leucade. Cette Isle qui a des Bois, des Fontaines & quelques Vignobles est attachée à la Terre-ferme par vn pont de bois, & autrefois elle estoit vne presqu'Isle : Les Turcs & les Iuifs y sont en grand nombre, & incommodent souuent le commerce des Venitiens par leurs Fustes & Vaisseaux. Il y a aussi les Isles Curzolaires, qui sont petites & la plus-part desertes & pleines de pierres. Valcompare la plus grande de ces Isles, a quelques bonnes retraites pour les Vaisseaux, mais comme il ne s'y trouue que des ruines, elle n'est habitée que de Pescheurs, ou de quelques Bannis des Isles Venitiennes. L'Histoire nous fait foi que sous le nom d'Ithaque, elle a esté la patrie & le Royaume d'Vlisse. C'est proche des Isles Curzolaires, que se donna la bataille de Lepante l'an 1571. en laquelle il y eut 189. Galeres Turquesques perduës, 25. mille Turcs tués, 4000. faits prisoniers, & douze mille Chrestiens deliurez.

Vis à vis les Costes d'Epire & de Morée, les Venitiens tiennent plusieurs Isles. Corfou, Cefalenie & Zante sont celles qu'ils appellent leurs trois Isles. Corfou, en quelques-vns de ses endroits, n'est éloignée de la Terre-ferme que de deux ou trois milles : Elle est l'vne des plus importantes Isles de la Mer Mediterranée, au milieu des Estats de Mer des Venitiens & à mi-chemin de Venise à Candie. On peut l'appeller le Boulevard de la Chrestienté de ce costé-là contre les Turcs, car elle couure l'Italie, & elle est d'vne haute consequence pour les entreprises que l'on peut former contre la Grece & les autres endroits du Leuant. Sa maistresse Ville, & principalement ses deux Chasteaux, sont si forts & par art & par nature, qu'ils semblent comme imprenables : ils ont differentes enceintes de fortifications, & on égale leur force à celle de Malthe. Outre le Port de Corfou, il y en a en cette Isle plusieurs autres fort commodes. La place de Castel S. Angelo y est estimée forte, parce qu'elle est sur le roc & enuironnée de precipices. L'abord de l'Isle vers le Septemtrion, est dangereux à cause d'vn écueil que l'on rencontre prés du Cap & du Détroit. Il y a aussi vers le Midi deux autres écueils que l'on appelle Formichi. La Terre de Corfou produit du Vin, du Sel, de l'Huile, des Citrons, des Oranges, quelques Grains, quantité de Cire & de Miel, des Herbes medicinales & des Simples fort rares. Pacsu de 12. milles de circuit a vn Port assez bon. Anti-pacsu n'en a point. Ces deux Isles ont quelques pasturages & des arbres Fruitiers, mais elles sont sans habitans.

Cefalenie a vne ville de mesme nom au haut d'vne montagne, & dans son voisinage le Port d'Argastoli, capable d'vn armement naual, auec 12. 10. 8. & 6. brasses d'eau, mais les anchres ont peine à mordre dans le fond qui n'est que de vase. Il y a en la mesme Isle le Port Guiscardo & d'autres Ports capables de receuoir plusieurs Galeres, & deffendus de leurs forteresses. On y trouue quelques bois, des pasturages, des terres à bleds, des vignobles, mais peu d'eau douce. On en transporte de l'huile, de la soye, des passerilles, du lin, de la manne, de la cire, du miel &c.

L'Isle de Zante a vne puissante forteresse qui commande à la ville & à la Mer voisine. Elle a aussi les Ports de S. Nicolas & de Chieti. Celui-ci a 8. ou 10. brasses de profondeur auec vn bon fond; mais comme il n'a point de deffences, les Pirates ont la liberté de s'y retirer. Il n'y a de l'eau douce qu'aux enuirons de la principale ville. On transporte de cette Isle quantité d'huile, du vin, du sel, des passerilles, des raisins de Corinthe, des Grenades, des Oranges, des Citrons, de gros Limons & force Dates. Les Anglois y vont souuent vendre des Esclaues Maures.

Apres que l'on est entré dans le Golphe de Lepante, connû autre-fois sous le nom de Corinthe, & apres que l'on a passé entre deux Chasteaux, que les Turcs appellent Dardanelles, éloignez l'vn de l'autre seulement de mille pas, on trouue à main gauche sur le panchant d'vne montagne la ville de Lepante accompagnée de son Port. Elle fut prise de force & pillée par les Chrestiens, l'an 1603. Plus auant, il y a les Ports de Cirra, Salona & Rossa. Salona est vn lieu où l'on charge des bleds.

De la Coste de Morée.

CORinthe est au bout du Golphe de Lepante, à vn quart de lieuë de la Mer sur vne colline faite en amphitheatre. Son Chasteau est sur le haut d'vn rocher, a deux pointes auec garnison de Turcs. La ville est toute en ruines depuis qu'elle a esté pillée par les Chrestiens les années 1612. & 1615. L'Isthme si celebre chez les Anciens est vne colline pierreuse entre les deux Mers. Votissa sur la coste qui mene à Patras fut fortifiée par les Venitiens pendant le regne de Mahomet II. Patras & son Port se presentent à ceux qui sortent du Golphe & qui rangent la Coste de Morée. Comme elle est grande, bien peuplée, & la meilleure de toute la Prouince, elle donne son nom à vn autre Golphe, qui porte aussi quelque-fois celui des Isles Curzolaires. Les François & les Anglois y trafiquent, & les Iuifs y sont en grand nombre. Castel-Tornese a vn anchrage peu asseuré à cause de la grande profondeur de l'eau & des roches qui se trouuent au fond. Il fut pris par les Cheualiers de Malthe l'an 1620. Beluedere a son Port de mesme nom. L'Arcadia donne son nom à vn Golphe. Nauarrin est vn Port asseuré & le plus beau qu'il y ait en tous ces quartiers-là: En cinq lieües d'Allemagne de circuit, il est enuironné de collines, defendu de deux Chasteaux, auec la commodité de deux entrées, dont l'vne qui est commandée par vn de ces Chasteaux est si estroite, que les vaisseaux sont obligés d'y filer vn à vn. L'Isle ou plustost l'écüeil de Prodeno qui en est proche n'a point d'autres Habitans que des Sangliers. Le Canal qui la separe de la Terre-ferme a vn bon fond de 17. ou 18. brasses d'eau: le costé qui regarde Zante a vne grande profondeur, mais il y a des roches sous l'eau où l'on ne peut pas tenir les anchres. Les deux petites Isles Striuali dites autrefois Strophades, & renommées par le sejour des Harpies, sont vers le Couchant & plus auant dans la Mer; la plus grande a 4. milles de tour, & la plus petite en a deux. La premiere qui est l'Orientale a vn Port & vne forteresse, ou plustost vne grosse tour quarrée auec vn Conuent de Caloyers, qui sont des Religieux Grecs au nombre de 40. ou 50. & qui ont des armes & cinq ou six petits canons pour se defendre contre les Corsaires. Ces Isles sont fort temperées & fertiles en vin, en huile, en grains, en legumes, & en toute sorte de bons fruits.

Modon forte ville, où il n'y a que des Turcs, a vn double Port beaucoup meilleur que celui de Coron. La prise de Modon fut le premier exploit des Cheualiers residens à Malthe, qui l'emporterent de force l'an 1531. les Venitiens ont fait la mesme chose l'an 1658. mais ni les vns, ni les autres ne l'ont gardée. L'Isle Sapienza qui est proche delà, & à deux milles de Terre-ferme, a vn Port à son Orient profond de 12. & 15. brasses. Il y a bon passage entre Modon & Sapienza. La petite Isle Venetica a des écueils en sa Coste Orientale. Le Port de Coron donne son nom au Golphe où il est. La ville est presque triangulaire : Vne partie est baignée de la Mer, vne autre s'auance en terre auec six bonnes tours, & la troisiesme est sur le haut du rocher, habitée des Turcs. Elle fut prise par les Chrestiens l'an 1533. Messene au fond de ce Golphe n'a plus les murailles qui passoient autrefois pour les plus belles de toute la Grece. Vitulo est vne petite Ville des Mainotes auec vn Port où la Mer est profonde de 18. ou 20. brasses, mais le fond y est dangereux à cause des roches. D'ailleurs il n'y a aucune defense pour la seureté des vaisseaux, & les Habitans y sont perfides. Maina a le Port des Cailles où les gens de Mer se retirent pendant la tempeste: L'on y prend vne si grande quantité de ces oiseaux lors qu'ils repassent la Mer, que les Mainotes les mettent en des barils pour les vendre aux Estrangers, y meslant quelquefois malicieusement des pierres auec les Cailles. Le Cap Matapan le plus Meridional de la Grece & de toute l'Europe, est la borne de la Mer Ioniene.

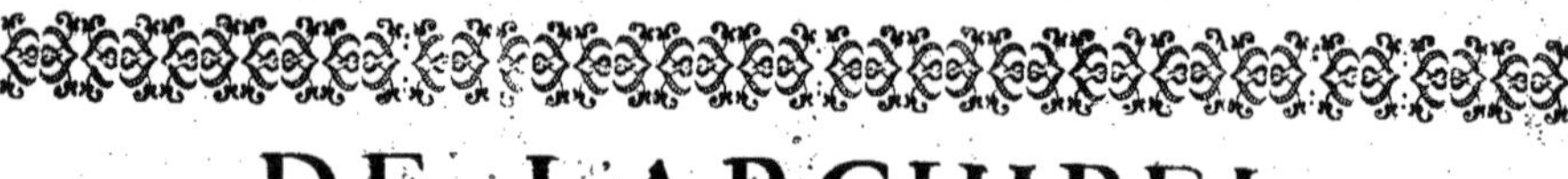

DE L'ARCHIPEL.

L'ARCHIPEL, autrement la Mer Blanche, est comme renfermé entre l'Europe, l'Asie & l'Isle de Candie. Il semble qu'il ait esté ainsi nommé à cause de la Majesté de l'Empire qui estoit demeurée aux Empereurs Grecs, ou plustost à cause des Isles qui y sont en plus grand nombre que dans les autres Mers. Quelques-vns font aller l'Archipel iusqu'à Constantinople, parce que c'est là où les Turcs commencent à distinguer leurs Mers Blanches & leurs Mers Noires. Il faut remarquer que la Mer Noire, appellée autrefois le Pont-Euxin, entre en celle de Marmara par le Canal de Constantinople comme par la bouche d'vn animal; & que ses eaux se déchargent en suite dans l'Archipel par le Détroit des Dardanelles, comme par vne issuë.

De la Coste de Napli.

APres le Cap Matapan, dit autrement de Maina, est le Golphe de Colochina, ainsi appellé d'vne ville de mesme nom. Ce Golphe finit au Cap Malio, fameux chez les Anciens par des naufrages de Vaisseaux. Il y a encore aujourd'huy plusieurs écüeils cachez sous l'eau, entre le Canal de la Terre-ferme & la petite Isle Ceruі: nean-moins on peut ietter l'anchre auec seureté à l'Orient de cette Isle. Le Golphe de Napli est entre les Caps Malio & Schilli. Maluoisie est vne ville de commerce accompagnée d'vn Port & d'vn fort Chasteau qui n'a pû estre pris par les Venitiens dans ces dernieres guerres. L'assiette de Maluoisie est dans vne petite Isle de 3. milles de circuit; laquelle est jointe à la Terre-ferme par vn pont: la ville est sur le bord de la Mer, le reste qui a bien vn mille de tour est vn rocher ceint d'vne simple muraille, où l'on va en tournoyant. Napoli qui donne son nom au Golphe & à la Coste, est encore fort considerable à cause du grand nombre de ses habitans qui passent celui de soixante mille, & qui ont le mesme priuilege que ceux de Constantinople & de Pera, où le Grand-Seigneur ne peut pas faire leuer des Enfans de tribut. La Fable porte que les Eaux de la fontaine de Napoli rendoient Iunon Pucelle, lors qu'elle s'y baignoit; elle dit aussi, qu'vn Asne ayant rongé des vignes proche de la ville, montra le

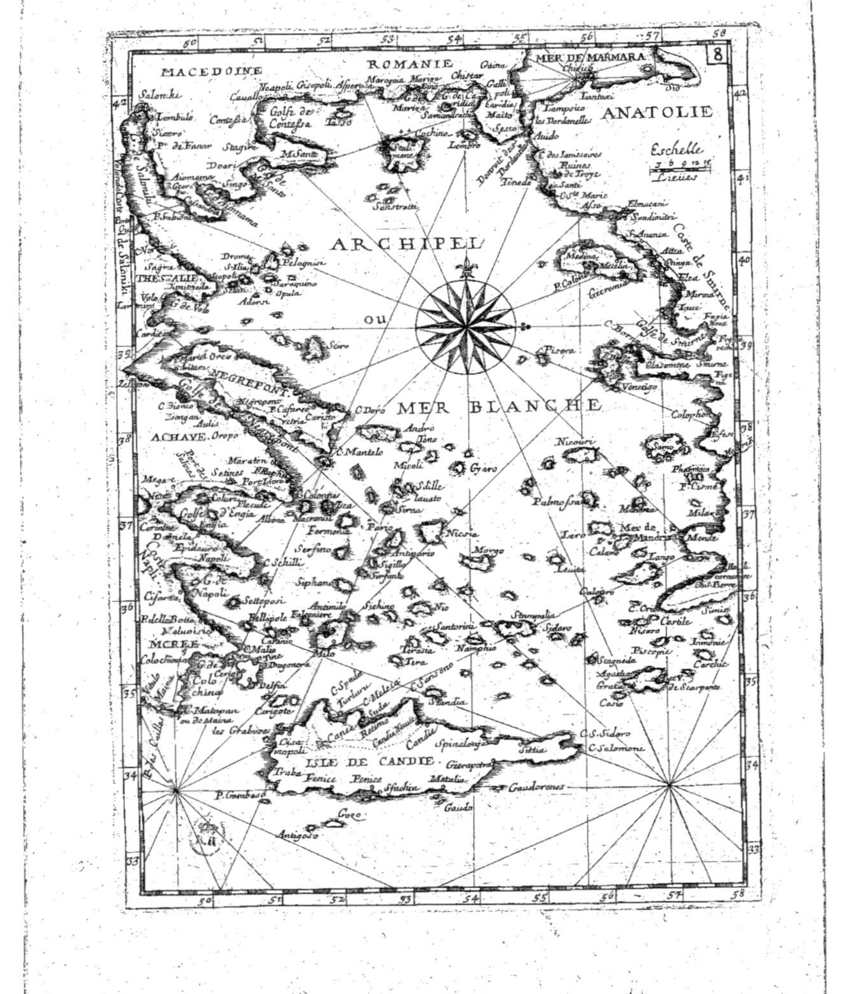
8
MACEDOINE
ROMANIE
MER DE MARMARA
ANATOLIE
Eschelle
Lieües
ARCHIPEL
OU
MER BLANCHE
NEGREPONT
ACHAYE
THESSALIE
MOREE
ISLE DE CANDIE
Coste de Smirne
Golfe de Contessa
Golfe de Smirne
Mer de Mandria
Salonki
Tenedo
Lembro
Metelin
Scio
Samo
Nicaria
Andro
Tine
Micoli
Naxia
Paris
Milo
Santorini
Stampalia
Rodes
Scarpanto
Candie
Gozo
Cerigo

le secret de les tailler. Les autres places voisines n'ont aucunes defenses, & leurs habitans n'ont plus le moyen d'armer des Vaisseaux comme firent leurs predecesseurs, pendant la Guerre du Peloponese. Le Golphe d'Engia est quelque-fois appellé de Setines, qui est le nom moderne de la ville d'Athenes. Nisée y seruoit autre-fois de Port à la ville de Megare dont les anciens Habitans crûrent faire honneur à Alexandre le Grand, que de le faire Bourgeois de leur ville. Le Port des Salines est vers l'endroit de l'ancienne Eleusine. Athenes, qui a esté la plus florissante Republique de toute la Grece, n'est pas sur la Mer, non plus qu'autre-fois: Les Atheniens de mesme que la plus-part des Grecs, ne trouuoient pas à propos de bastir leurs villes sur le riuage de la Mer, de peur qu'elles ne fussent exposées aux insultes des Corsaires, & que les mœurs des Habitans ne fussent corrompües par la hantise des gens de Marine. La ville a bien encore trois ou quatre mille Habitans; & le Chasteau dans lequel il n'y a que des Turcs, est sur le roc & vers le Midi, mais il est fort irregulier & n'a que de vieilles murailles. Il y auoit trois Ports en son voisinage, celui de Pirée, celui de Munichie & celui de Phalere. Aujourd'hui, il y reste seulement le Port Lion qui peut bien contenir quatre cent vaisseaux & qui a vne entrée fort resserrée. Il y a proche delà le Mont Himetus celebre par son beau marbre & son bon miel. Le Golphe de Setines finit au Cap auquel on fait porter le nom des Colonnes de marbre que l'on y voit encore sur pied. Son voisinage est nauigable, car il a 8. 10. & 12. brasses d'eau. Le Canal entre la Terre-ferme, & la petite Isle Plecude est plein d'écüeils. L'Isle Albona est fort éleuée & les Flamans l'appellent Chapeau Cardinal à cause de la figure qu'elle represente. L'Isle Coluri autrefois Salamine est renommée comme la patrie d'Ajax & le lieu où les Grecs remporterent vne grande victoire nauale sur Xerxes Roy de Perse. Engia est bien peu de chose au prix de ce qu'elle estoit lors que ses Habitans, à cause de leurs forces de Mer, oserent s'opposer aux Atheniens. Elle a vne petite ville auec vn fort de bois, pour se defendre contre les Corsaires.

De la Coste de Saloniki.

ON peut faire passer sous ce nom, tout le reste des Costes de la Grece. Le Port Raphyti est l'vn des plus asseurés de tout l'Archipel, c'est pourquoy l'on a accoustumé de s'y retirer pendant l'orage. Il y a ensuite les restes de quelques anciennes places qui ont esté celebres dans l'Antiquité: Marathon par la defaite des Perses: Aulis par l'embarquement des Grecs pour l'expedition de Troye; mais son Port est si petit, qu'il faut, ou qu'il ait esté plus grand, ou que les vaisseaux de la flotte Grecque ayent esté en petit nombre. Tout cela faisoit partie de l'Achaye le long du Golphe de Negrepont qui estoit connu au Anciens sous le nom d'Euripe & qui pourroit à plus iuste titre estre appellé Détroit. Le flux & le reflux de cét Euripe est de mesme qu'à Venise de 6. en 6. heures, bien que les Anciens ayent dit qu'ils y estoient 7. fois le iour; quelques-vns disent qu'Aristote se precipita dans l'Euripe, parce qu'il deceda à Chalcide, où il tâchoit à découurir la raison de ces accroissemens & decroissemens de Mer. Suiuent les Thermopiles, qui sont vn passage de soixante pas de large par lequel on entre en Thessalie: c'est là où Leonidas mourut glorieusement auec 300. Lacedemoniens. Les Golphes de Larmiro & Volo où les

Turcs font quelque-fois des armemens de vaisseaux, à cause de la cõmodité qu'ils y ont de recouurer du chanvre, de la poix, du goudron & autres materiaux; car pour le bois, ils le font venir des pays qui sont aux enuirons de la Mer Noire. L'Armée Nauale des Venitiens pilla Volo l'an 1655. C'est en ce Port que les Argonautes firent leur embarquement pour la Colchide. Le Grand Golphe de Saloniki est ainsi nommé de la Ville Saloniki, laquelle en forme le cul de sac. Il a le long de son riuage les Ports de Quir, Lombulo, Sidero, Fanar, Sabioni & autres. Cassandria est dans la place de l'ancienne Potidée, dont le soûleuement contre les Atheniens seruit de pretexte à la guerre du Peloponese. L'on n'y voit plus cette fameuse forteresse d'Olinthe, dont l'acquisition fut extraordinairement importante au Roy Philippe Pere d'Alexandre le Grand. Aiomama, le Monte-Santo & Contessa donnent leurs noms à de moyens Golphes sur lesquels ils se trouuent. Caualla a vn grand Port, mais qui est fort mal gardé. Toutes ces places sont le long de la Coste de Macedoine.

De la Coste de Romanie.

C'est ici la Thrace des Anciens laquelle est appellée Romanie depuis que Constantin le Grand quitta Rome pour venir faire sa demeure à Bizance. Mariza & Caridia sont sur des Golphes de mesme nom.

Il y a d'autres places, mais il n'y en a pas de si fameuses, ni de si importantes que les Châteaux des Dardanelles, l'vn en Europe & l'autre en Asie. Sestos l'vn de ces Chasteaux est du costé d'Europe, & triangulaire: il a vne grosse tour en son milieu, il se trouue cõmandé d'vne montagne, & les vaisseaux n'ont point d'abri en son voisinage. Il n'y a qu'vne plage qui sert de Port au Chasteau d'Abidos en Asie, où tous les vaisseaux qui viennent de Constantinople doiuent s'arrester trois iours de suite pour estre visités: ce qu'ils font commodement aux deux costés de la forteresse. Ce Chasteau est basti au bord d'vne grande plaine, non loin des bouches du Simois, en vn lieu mal sain: il est de figure quarrée auec vne grosse tour au milieu qui luy sert de donjon; Sa porte est du costé du Leuant d'Esté, & ses fossez vers le Couchant sont presque comblez. Il y a en ses embrasures 27. gros canons dont le moindre a son calibre de 60. liures de balle; Ils tirent à fleur d'eau, & d'ordinaire des boulets de pierre; mais ils font plus d'épouuante que de mal, car ils sont la plus-part en desordre, & ceux qui peuuent estre executez, sont pointez si bas que la contrescarpe du fossé en peut empescher l'effet. Il y a autant de pieces au Chasteau de Sestos en Europe, & on dit que toute cette artillerie, de mesme qu'à Abidos, est amorcée d'vne seule traisnée de poudre. Ces Chasteaux sont d'autant plus soigneusement gardez qu'ils empeschent le passage aux vaisseaux ennemis. On y laisse passer ceux qui vont à Constantinople, pourueu qu'ils ne soient pas plus de cinq ou six; mais au retour, il faut s'y arrester comme nous auons dit & payer les droits. Les Turcs ont encore fait de nouueaux forts sur la Coste pour éloigner les Venitiens, qui pendant la guerre viennent souuent attendre les Galeres Ottomanes à l'issuë des Dardanelles, ou pour les combattre, ou pour les empescher de sortir. En l'année 1658. ils ont mesme fait fortifier les endrois des Costes voisines, où ils ont crû que leurs ennemis pouuoient venir prendre de l'eau douce. Pendant que les Cheualiers de Malthe estoient en possession de Rhodes,& que Bajazet regnoit en Turquie, on proposa dans le Conseil des Princes Chrestiens l'attaque de l'vn des ces Chasteaux, apres la prise duquel, on deuoit forcer Gallipoli, y brûler les vaisseaux Ottomans, aller droit à Constantinople,& à l'aide des Polonois faire la mesme chose dans le Port. Veritablement, la prise de ces Chasteaux incommoderoit fort les Turcs, puisque sans en estre maistres, les Venitiens auecque leurs seules forces les incommodent de la sorte que nous auons dit, & que quelque-fois il les reduisent à la necessité de décharger leurs munitions & leurs soldatesque pour leur faire prendre vn plus grand tour par terre. Il y a trois Princes de l'Europe qui de ce costé-là peuuent donner beaucoup d'exercice aux forces Ottomanes, l'Empereur, le Roy de Pologne, & le Grand Czar de Moscouie. Pour la diuersion que peuuent faire le Sophi de Perse & les Bachas qui se soûleuent quelques-fois en leurs gouuernemens, elle est trop incertaine. L'Empereur n'a point d'auantage d'auoir guerre auec le Turc, car bien qu'il soit en paix auecque la France & la Suede, il ne dispose pas absolument des forces de l'Empire, & ne peut agir en la Hongrie que par le consentement des Estats. Le Roy de Pologne estant paisible en son Royaume, peut incommoder le Turc par terre, & particulierement par la Mer Noire, où les Cosaques font d'ordinaire des courses, & où ils peuuent mettre pied à terre à deux lieües de Constantinople, obligeans ainsi le Grand Seigneur à tenir plusieurs Galeres sur cette Mer là. L'an 1618. on projeta vne ligue entre les Cosaques & le Roy de Perse. Pour le Moscouite, il est ordinairement trop occupé contre les Polonois & les Petits Tartares, pour pouuoir executer la ligue offensiue & defensiue contre le Turc, laquelle il enuoya proposer par son Ambassadeur, à la Republique de Venise, l'an 1656.

Gallipoli est vne ville d'autant plus considerable, qu'elle est en vne assiette auantageuse pour la conseruation de la Chersonese & pour la communication des Mers voisines. Elle a esté la premiere residence des Empereurs Turcs en Europe, & a long-temps serui d'Arcenal à leurs vaisseaux. Son Chasteau est composé de grosses tours basties à l'antique sur le bord de la Mer.

La ville de Constantinople est en la plus belle assiette du Monde. Elle n'est éloignée de l'Asie que d'vn mille, de sorte que l'on en peut oüir chanter les coqs, & c'est là où est Scutari, le rendez-vous des Marchands d'Armenie & de Perse. Au milieu des deux Costes, est vn écueil auec vne Tour quarrée que l'on appelle la Tour de Leandre: Il y a quatre ou cinq canons en bas, mais cette Artillerie est fort mal seruie, car il n'y a souuent que deux ou trois personnes pour cela. Le Port de Constantinople a bien deux lieües de tour & vn quart de lieüe de large auec vne profondeur merueilleuse & égale: il est fort calme, fort asseuré, & capable de receuoir mille ou 1100. grands Vaisseaux. Le quartier de l'Arcenal de la Marine est là où le Port s'élargit. Les Galeres du Grand Seigneur y vont ietter l'anchre,& l'on y voit sur le riuage 120. remises où l'on fabrique des Galeres neuues & où l'on retire celles qui sont desarmées.

Au de là du Port, est la ville de Pera dite autrement Galata où demeurent l'Ambassadeur de France, celui de Venise, & quelques autres; car pour ceux d'Allemagne, de Pologne, & de Raguse, ils ont leur quartier dans Constantinople. L'on y passe d'ordinaire en de petits batteaux que l'on appelle Perames.

Le Canal de la Mer Noire qui porte aussi le nom de la ville, est ce que les anciens ont appellé Bosphore de Thrace; il est fameux par le pont que Darius y fit faire en sa guerre contre les Scithes. Il n'a qu'vn mille de large au plus, & plus de 20. milles de long iusqu'aux Chasteaux de la Mer Noire qui sont à douze mille de Constantinople, & qui lui seruent de porte & aussi de bouleuard contre les Cosaques. La Coste en est fort agreable par ses ruisseaux, collines & vallées, où il y a vn nombre infini de petits Serrails & de Villages. Les Vaisseaux quoy que chargez y peuuent prendre port en plus de trente endroits. A l'entrée de la Mer Noire du costé d'Europe, il y a vn rocher auec vne Colomne de marbre blanc, haute de douze pieds: ils la nomment la Colomne de Pompée. Le village de Pharé en la Terre-ferme du mesme costé sert de fanal à ceux qui nauigent vers le Bosphore. Autre-fois l'on s'y est serui d'vne chaisne pour en empescher l'entrée aux vaisseaux ennemis.

Il n'y a point d'Isles en la Mer Noire comme ont crû les Anciens, & les Glaces que la Mer y charie sont asseurément leurs Isles flotantes.

De la Coste de Smirne.

C'Est ainsi que les gens de Mer appellent toute la Coste de l'Anatolie sur l'Archipel. Apres Auido en allant vers le Midi, on trouue le Cap des Ianissaires, & ensuite les ruines de l'ancienne Troye. La petite ville de 40 Santi, le Cap Baborno dit autrement de Sainte Marie, Asso, San-Dimitri, & autres villes dont Fogia-Noua est la plus renommée : Il y a plusieurs Turcs à Fogia-Noua qui exercent la piraterie, & les Corsaires de Barbarie s'y retirent souuent aussi bien que dans les Isles voisines. Les defenses du Port n'y sont pas fort considerables. Fogia-vechia autre-fois Phocée est la mere ville de Marseille. La ville de Smirne est dans la plaine, sur vn Golphe dont la Coste Septentrionale est pleine de sable, de sorte que ceux qui veulent venir dans le Port, doiuent ranger la terre qui est au Midi de ce Golphe. Le Port de Smirne est formé par deux langues de terre, & defendu de deux Chasteaux. La place a esté prise par les Chrestiens l'an 1344. & a eu la gloire de repousser les efforts des Tartares sous le Grand Tamerlan l'an 1397. Il s'y fait vn grand trafic entre les Francs, les Armeniens, & les Perses, mais les vaisseaux Etrangers n'entrent point dans le Port, & moüillent le long de la plage où sont la Doüane & les maisons des Consuls. Il y a en suite vne grande presqu'Isle & la riuiere de Madre ou Meandre, dont les sinuositez donnerent occasion à Dedale de faire le Labirinthe. La Coste a plusieurs villes celebres dans l'Antiquité, entre lesquelles Efese est fort connuë par le Temple de Diane l'vne des sept merueilles du Monde. Son Chasteau qui est sur vn haut, consiste seulement en 5. ou 6. Tours. Cismé ou Casima est vn excellent Port. Milazo a eu le pouuoir d'établir plusieurs Colonies. Halicarnasse a eu l'auantage d'auoir le Mausolée ce fameux Tombeau qui fut basti par les soins d'Artemise en memoire du Roy Mausolus son mari. Le fort Chasteau de S. Pierre dit autrement de Marmora, a esté renommé pendant que Rhodes estoit tenu par les Cheualiers qui sont maintenant à Malthe. Le Cap Crio où estoit l'ancienne Gnide finit la Coste de Smirne.

Des Isles de l'Archipel.

LEs Isles de l'Archipel sont en si grand nombre, qu'il est fort difficile de les nommer toutes. Les Anciens les ont diuisées en Ciclades & Sporades : les Ciclades estoient au nombre de douze, aux enuirons de Delos, qui est la Sdille d'aujourd'huy, & les Sporades estoient dispersées çà & là. Elles ioüissent presque toutes d'vn air temperé, d'où vient qu'il s'y trouue de belles personnes. Elles ont peu de bleds, mais elles produisent d'excellents vins, des oliues, des oranges & des citrons en quantité. Les plus grandes & les meilleures ont des forteresses, les autres sont exposées au pillage de ceux qui ont la force en main, & les Venitiens en ont retiré plusieurs contributions pendant les dernieres guerres. Pour la pluspart, elles reconnoissent les Turcs qui demeurent dans les Villes & dans les Chasteaux, au lieu que les Grecs qui les habitent pour l'ordinaire, & les Chrestiens Latins, sont releguez dans les Faux-bourgs. Teno, Micoli, & Cerigo, sont aux Venitiens, comme nous auons dit. Les Vaisseaux qui vont du Ponant à Constantinople, passent d'ordinaire aux Cerigues, puis entre Macronisi & Zea, & entre Negrepont & Andro, ou entre Andro & Teno. Ceux qui vont aux Smirnes, prennent leur route entre Serphino & Siphanto, & entre Teno & Micoli.

On peut considerer les Isles de l'Archipel, vers le Septentrion & vers le Midi ; & derechef les vnes & les autres, ou prés de l'Europe, ou prés de l'Asie.

Des Isles de l'Archipel, vers le Septentrion, & prés d'Europe.

NEgrepont est la plus grande de toutes, car elle a bien 150. milles de long, & quarante en sa plus grande largeur. Elle est abondante en grains, en vins, en huiles, & en bois propre à bastir : elle fournit aussi de la soye, du cotton, des laines, des peaux, de la cire, du miel, &c. Elle a sa Ville de mesme nom, dite autrefois Chalcide par les Grecs, & aujourd'hui Egribos par les Turcs. On dit que cette Isle a fait partie de la Terre-ferme : aujourd'huy, elle y est jointe par vn Pont de deux arches, la pile du milieu estant vn rocher qui soustient vne tour, & cette tour commandant à la ville. Lors que Mahomet II. la prit, il fit faire vn pont de barques pour communiquer ses troupes de la Terre-ferme & de l'Isle. Il y a plusieurs autres villes ; celle d'Eretrie a esté autrefois si considerable, que Chalcide & elle, ayant à démesler ensemble, ont interessé toute la Grece en leur querelle. Cariste est renommée par son marbre & par sa pierre, dont on faisoit de la toile que l'on blanchissoit en la mettant au feu. Le Cap d'Oro est celui où plusieurs vaisseaux Grecs retournans de la guerre de Troye, se briserent, deçeus par les feux du pere de Palamede, qui vouloit vanger la mort de son fils.

Sciro a vn bourg & vn port vers le Midi, auec quelques vignobles, des montagnes & des bois. On dit que ses pierres nagent sur l'eau comme de la pierre ponce, & qu'estant reduites en poudre, elles vont à fond. C'est en cette Isle qu'Achille demeura long-temps deguisé en fille à la Cour du Roy Licomede. Pelagnisi a deux Ports assez bons, mais les entrées en sont dangereuses à cause de leur petitesse. S. Ilia est habitée de quelques Grecs & Caloïers. Scopoli a vn Port mediocrement bon en sa partie Occidentale prés de la pointe du Midi : mais le vent de Sud estant vn peu violent, ne permet pas que l'on en puisse sortir. Sciati où il y a force Chévres sauuages, a vn Chasteau sur le roc, & vn Port dans lequel il faut plûtost se retirer qu'en celui de Scopoli. Adersi n'est qu'vn rocher. La nauigation entre les plus petites Isles des enuirons, est fort dangereuse, aussi l'vne d'entr'elles est appellée l'Isle des Diables.

Stalimene autrefois Lemnos, a bien 75. Villages, auec plusieurs Ports & quelques Forteresses. La principale Ville est accompagnée de son Port, & d'vn Chasteau sur le rocher. Les maisons de la Ville sont estenduës dans vne grande plaine. Cochino autrefois Ephestia, est en la partie Septemtrionale. L'an 1656. les Venitiens ayant pris cette Isle, & celle de Tenedo, estoient en possession d'empescher les Turcs de sortir du Destroit des Dardanelles, mais leurs seules forces n'ont pas pû les conseruer. L'Isle de Lemnos produit du bled, du vin, du lin, du chanvre, toute sorte de legumes, & des fruits ordinaires, mais elle manque de bois. Par le moyen du bestail, on y recouure des laines, des chairs, & des fromages. La Terre scellée sur toute chose, la rend considerable. Les petites Isles S. Fratti, qui sont à son Midi, ne sont point habitées.

Tasso a vne Ville de mesme nom, accompagnée de son Port, & trois lieux de defense. Elle n'a plus les Mines d'Or, qu'elle auoit du temps des Roys Philippe & Alexandre, ni ces deux sortes de vins dont les vns faisoient dormir & les autres veiller. Samandrachi de vingt milles de tour, est habitée, & nourrit force chevres. Son assiette est releuée, au lieu que celle de Lembro est fort basse. Elle est l'ancienne Samothrace, où Perseus le dernier Roy de Macedoine, fut pris par les Romains, apres auoir esté défait à Pidne. Vn des fils de ce Roy fut Orfevre dans Rome, & l'autre Marefchal de cheuaux en Sicile.

Des Isles de l'Archipel, vers le Septemtrion, & prés d'Asie.

Tenedo de vingt ou vingt-cinq milles de tour, est à douze milles des Dardanelles, & à cinq de la Terre-ferme d'Asie. On y recouure du muscat & de grosses perdrix, mais il n'y a des habitans qu'en la Ville & le long du Port où sont les maisons des Chrestiens. Le Chasteau est triangulaire, basti à l'antique sur le panchant d'vne colline, & peu capable de resistance. Vers le Nord-Est, il y a deux rochers, entre lesquels vne douzaine d'Esquifs auroient peine à tenir, & c'est le lieu où peut s'estre cachée la Flotte des Grecs, que l'antiquité a fait si nombreuse. Il y a outre cela vne autre retraite de Vaisseaux vers l'Orient. L'année 1656. les Venitiens ont fait quelques fortifications au Chasteau de Tenedo, & la perte que depuis ils en ont faite, leur a esté si sensible, qu'ils ont fait le procez aux Prouediteurs qui l'auoient mal defendu.

Metelin, autrefois Lesbos, a vne Ville de mesme nom, auec vn Chasteau qui commande à vn double Port. Il y a aussi le Golphe de Gieremia defendu d'vn Chasteau ; le Porto-Caloni a 4. Chasteaux pour sa defense.

Scio ou Chio, a ses meilleurs Ports vers l'Orient ; celui de la Ville capitale a vn petit Fort vers le Septemtrion, & vn Chasteau de defense. Cette Ville est double, haute & basse, & a bien 20. mille ames. L'entrée du Golphe a vingt, & quelque-fois quinze brasses d'eau, mais auec vn fond de vases, où les Vaisseaux ne sont point à l'abri des vents de Nort. Il y a meilleur ancrage & meilleur abri auec 20. & 25. brasses d'eau à la portée du mousquet du petit Fort. Le Port Delfin est merueilleux & fort seur: la petite Isle S. George, qui est à son entrée, a de bonne eau douce. Les Turcs tiennent d'ordinaire vne escadre de Galeres à Scio, dont la forteresse est d'vne telle importance, qu'elle leur asseure la Coste de Smirne, & leur donne moyen de ioindre ensemble leurs forces de mer. Elle fut manquée par les Galeres de Florence l'an 1606. Ceux de Scio sont les plus libres de tous les habitans de l'Archipel; ils fabriquent les meilleures Saïques que l'on voye sur la Mer Mediterranée, & les Galeres des Beys de l'Archipel hiuernent d'ordinaire en leur Isle. Venetico vers le Midi de Scio, est plûtost vn écueil qu'vne Isle. Pisera vers le Couchant a en sa partie Occidentale vn Port fort asseuré contre les vents de Nort & de Sud.

Des Isles de l'Archipel, vers le Midy & prés d'Europe.

Andro est abondante en eau douce, en bestail, en fruits & en bons vins, d'où vient qu'elle est estimée la plus fertile de l'Archipel, bien que l'air y soit assez mauuais. Elle a vn Port vers le Couchant, mais il est peu commode à cause des roches du voisinage, & de la difficulté qu'il y a d'en sortir. La Ville de mesme nom, d'enuiron 200. maisons, est assez bien peuplée, auec vn Chasteau enuironné d'écueils & de la mer, dans lequel on ne peut entrer que par vn Pont. On y conte plus de 60. Villages, & enuiron six mille ames. Le commerce de soye que font ses habitans, leur rapporte annuellement plus de quarante mille piastres. Teno aux Venitiens, a son Port d'vn accez tres-difficile & peu asseuré: ses deux Chasteaux sont sur la pointe des rochers, & iusqu'ici les Turcs n'ont pû s'en rendre maistres. Cette Isle sert souuent de retraite aux Esclaues Chrestiens qui s'échapent des mains des Turcs. Micoli autre Isle des Venitiens, a vne Ville de mesme nom, vn fort Chasteau, & deux Ports, l'vn vers l'Orient & l'autre vers le Septemtrion. Celui-ci a 14. 18. & 20. brasses sur vn bon fond, c'est pourquoy plusieurs Vaisseaux y demeurent pendant l'Hiuer.

Giaro est extraordinairement sterile, & les Anciens nous apprennent que les habitans en ayant esté délogez par les Rats, ces animaux rongerent le fer ne trouuant plus dequoy manger.

Sdille est composée de deux Isles, qui formoient autrefois l'ancienne Delos, celebre par la naissance d'Apollon & de Diane. La Fable dit que pour fauoriser l'accouchement de Latone leur mere, Iupiter arresta l'Isle de Delos, qui auparauant estoit flotante. Les Atheniens y faisoient garder le tribut que leur payoient les habitans des Isles voisines. Entre Sdille & Sirna il y a vn écueil, nommé Lauato, fort dangereux, à cause de sa bassesse.

Macronisi ou l'Isle d'Helene, est fort basse & si sterile, qu'elle n'a point d'habitans.

Zea a vne Ville, & à cinq milles de là vn Port vers le Nort-Oüest. Ce Port est à couuert de tout vent. L'Isle qui ressemble à vn fer de cheual, a cinquante milles de circuit. Ses habitans payent annuellement 3400. piastres au Turc, & 2600. aux Venitiens. La nauigation est seure entre Macronisi & Zea, & entre Zea & Fermenia.

Pario, vulgairement Paris, d'enuiron 50. milles de tour, a trois petites places & quelques Ports qui doiuent estre bons, puisque les années 1661. & 1662. ils ont serui de retraite & de sejour à l'Armée Venitienne, laquelle en a rendu vn, capable de receuoir vne vintaine de Galeres & deux Galeasses. C'est cette Isle qui fournit le beau marbre blanc, que pour cét effet l'on appelle Parien. Vne fontaine, à ce que l'on dit, y a eu la particularité de teindre vn drap blanc en noir.

Nicsia ou Necsie a vne Ville de mesme nom & vn assez bon Port, auec des terres à bled & des vignobles. On dit qu'il y a quelques Mines d'or & de tres-belles femmes, mais qu'il y a fort peu d'hommes. Pisistrate y fit garder les enfans des Atheniens, qu'il auoit pris en ostage. La Fable ancienne porte que Bacchus y a pris naissance, & qu'Ariadne y fut abandonnée de Thesée.

Morgo a quelques Chasteaux de defense & trois Ports vers le Septemtrion; sa Coste vers le Midi, est pleine d'écueils.

Serfino a vne petite Ville & vn double Port au Sud-Est, dont le plus auancé a 20. & 30. brasses, & le plus proche de la Ville 7. & 10. c'est l'Isle, où l'on dit que les Grenoüilles estoient muëttes.

Sirfanto a vne petite Ville auec son Port, à l'entrée duquel est vne autre Isle fort petite. Il y a bien 14. & 15. brasses iusqu'au fond de ce Port.

Siphano de 40. milles de tour, a vne Ville auec son Port, qui n'est pas bon pour les Barques; mais il y en a vn meilleur à cinq milles de là. La Ville est sur vn haut & renferme bien trois mille personnes. Les derniers Grands Seigneurs ont quelques-fois enuoyé chercher des femmes en ces deux Isles, pour leur Serrail, parce qu'il y en a de fort belles.

Bellapoli est petite & ronde, auec deux rochers fort hauts. Caranio n'est qu'vn gros rocher.

Falconiera a ses enuirons fort nauigables, n'y ayant aucun danger.

Milo de 80. milles de circuit, & la plus ronde des Isles de l'Archipel, a de bonnes eaux, & vn grand & excellent Port en sa partie, qui regarde l'Occident d'Esté. Il est long de six milles, & large de trois. Les Nauires qui y arriuent doiuent auoir Cap au Sud-Est, & ceux qui en sortent au Nort-Oüest: le Chasteau est au Nord-Est de l'entrée, apres quoy, ceux qui entrent trouuent 12. 15. & 20. brasses d'eau. La Coste du Sud-Oüest a vn Port profond de 20. & 24. brasses, celle du Nort-Est en a vne de 13. & 14. Les Venitiens ont souuent retiré leurs Flottes en cette Isle, dans leur guerre contre les Turcs, à cause des rafraichissemens que l'on y trouue: car on s'y peut fournir de pain, de vin, d'huile, de sel, &c. Les habitans de Milo sont bons Mariniers, & n'ont point de Turcs parmi eux.

Santorini n'a pas de bons Ports en son circuit, qui est bien de quarante milles, parce que la Mer y est extraordinairement profonde. Le bois y est si rare qu'on l'y achete à la liure de ceux de Nio, & l'on n'y chauffe les fours pour faire le biscuit, que deux fois l'année. L'Isle seroit bien mieux habitée, si elle n'estoit sujete à d'horribles tremblemens de terre, & si elle n'auoit des feux sousterrains qui lui ont causé d'estranges desordres depuis peu d'années. Teresia a esté renommée dans l'Antiquité. Quelques-vns disent qu'elle est la mesme que Santorini. Tera a son tour de 25. milles.

Cerigo est l'ancienne Cithere, d'où Venus fut appellée Citherée. Sinan-Cicale l'appelloit la Lanterne de l'Archipel & l'Espie des actions des Turcs. Elle est fort commode aux Venitiens qui vont en Candie. Autrefois, elle seruoit de rempart aux Lacedemoniens, & de retraite à leurs Vaisseaux, qui retournoient d'Egipte & de Libie; & aujourd'huy, on peut par son moyen faire des entreprises sur la Morée auec beaucoup de facilité. Le Port Delfin y est defendu par vn fort Cha-

teau

ſteau nommé Capſali. Le Port de Tine, autrement de S. Nicolas, eſt fort viſité par les Galeres & les Vaiſſeaux de Veniſe, mais il n'à point de defenſe, & l'on a peine d'en ſortir auec vn Vent de Nort. Les deux petites Iſles voiſines, dites Dragoneres ont vn ſi bon moüillage, que les gens de Mer y vont ſouuent attendre le vent. A vn mille au Sud-Eſt de Cerigo, il y a deux rochers. Il y a auſſi pluſieurs petites Iſles vers Cerigote, mais elles ont force écueils en leur voiſinage; ce qui oblige ſouuent ceux qui nauigent, à paſſer entre Cerigo & la Coſte de Morée.

Des Iſles de l'Archipel, vers le Midi, & prés d'Aſie.

NIcouri, autrement Nicaria, n'à point de defenſes. Son ancien nom d'Icaria eſtoit venu d'Icarus, qu'vn vol temeraire precipita dans la Mer. Le reuenu de cette Iſle conſiſte en éponges, c'eſt pourquoy ſes habitans ſe rendent bons nageurs pour en faire la peſche. Lors qu'vn Inſulaire vn peu conſiderable y veut choiſir vn gendre, ceux qui recherchent ſa fille ont de couſtume de s'aſſembler, & de plonger en mer, & celui qui demeure le plus long-temps ſous l'eau, eſt celui qui eſt preferé. Les femmes de Nicaria ont la reputation d'eſtre les maiſtreſſes en matiere d'affaire.

Samo a ſa coſte du Couchant & celle du Septemtrion pleines de montagnes fort affreuſes, les autres parties de l'Iſle ont quelques Ports, mais comme ils ſont ſans defenſes, ils ſeruent pluſtoſt de retraite aux Pirates qu'aux Marchands. Comme ceux qui viennent d'Alexandrie à Conſtantinople ſont obligez de paſſer entre Samo & quelques écueils qui en ſont proches, c'eſt là auſſi que les vaiſſeaux de courſe les attendent.

Les petites Iſles Pharmaco ſont vrai-ſemblablement celles prés deſquelles Iules-Ceſar fut pris par les Corſaires.

Palmoſſa ou Patino, auec vne ville de meſme nom a quelques Ports dont le principal eſt defendu d'vn fort Chaſteau.

Mandria donne ſon nom à la partie de l'Archipel laquelle en eſt proche.

Lero a de hautes montagnes & deux vieux Chaſteaux, dont le plus conſiderable a reſiſté deux-fois aux Turcs, ſous Bajazet II.

Calamo a deux Ports auec de l'eau douce en ſa partie Meridionale, mais ſes maiſons n'ont plus que des ruines. Elle eſt ſi exhauſſée, que l'on en peut découurir la ville d'Efeſe.

Lango autrefois Cos, a vne ville auec vn Chaſteau de defenſe; ſon meilleur Port eſt vers le Nort-Eſt.

Ces trois Iſles furent priſes & tenuës long-temps par les Cheualiers de Rhodes, Caloïero eſt vn Rocher eſcarpé, connu par ſes faucons & par ſon Conuent de Caloyers.

Coſtile ou Tilo, pendant le ſejour des Cheualiers de Saint Iean de Ieruſalem à Rhodes, auoit vn fort Chaſteau & vne Tour extremement haute, d'où on leur faiſoit le ſignal touchant le nombre & la qualité des vaiſſeaux qui ſortoient de l'Archipel.

Namphio a ſa ville au milieu de l'Iſle, ſur vn haut, les Habitans ayant choiſi ce poſte pour éuiter le pillage des Corſaires. La terre y a cette particularité de faire mourir les beſtes venimeuſes.

Stampalia a vne ville & quelques Ports.

Stagnida est vne Isle deserte.

Casio non plus, n'est point habitée.

Scarpanto a trois Ports, celui de Grata au Couchant, celui d'Agatha au Septemtrion, & celui de Tristan, où est la ville de Scarpanto. Ce dernier est le plus grand & le meilleur des trois. L'assiette de cette Isle est si importante, que si les Chrestiens en estoient les Maistres, il asseureroient la Candie, ils pourroient attaquer les Carauannes d'Alexandrie qui portent de grandes richesses à Constantinople & celles qui vont à la Mecque : Enfin, ils pourroient former des entreprises sur toutes les places de Leuant.

De l'Isle de Candie.

L'Isle de Candie n'est pas moins exposée aux entreprises des Turcs qui l'enuironnent de tous costés qu'aux flots de l'Archipel sur lequel elle a ses meilleurs Ports. Son assiette à l'entrée de cét Archipel & à la veuë de l'Europe, de l'Asie & de l'Afrique a autrefois obligé Aristote d'y mettre le siege de l'Empire vniuersel. Les Ports des Grabuses, & de Cisamopoli sont en la partie Occidentale. Celui de la Canée est fort incommode, à cause des écueils qui sont en son fond, c'est pourquoy les grands Vaisseaux choisissent plustost celui de Turluru qui est au Midi de la petite Isle de mesme nom, lequel est asseuré & defendu de deux bons Chasteaux. Le Cap Melecha est fort exhaussé, la Suda a vn bon Port & vn fort Chasteau sur le roc. Rettimo a vn Port qui est petit, mais les Vaisseaux y sont en seureté, & le Chasteau qui luy commande est assis sur vn Rocher presque détaché du continent de l'Isle. La Ville de Candie a son Port qui ne peut gueres tenir que 20. ou 25. Galeres. Spinalonga & Sittia ont pareillement leurs Ports & leurs Forteresses : ce dernier a des écueils où furent brisez quelques vaisseaux des Cheualiers de Rhodes, lors qu'ils se retiroient en Chrestienté apres la perte de leur Isle & de leur Ville. La petite Isle Standia n'est point habitée, à cause qu'elle n'a point de defenses contre les Corsaires. Les Venitiens ne tiennent plus toute l'Isle de Candie, car les Turcs leur ont pris la Canée & Rettimo, & ont basti vne nouuelle ville prés de la Metropolitaine.

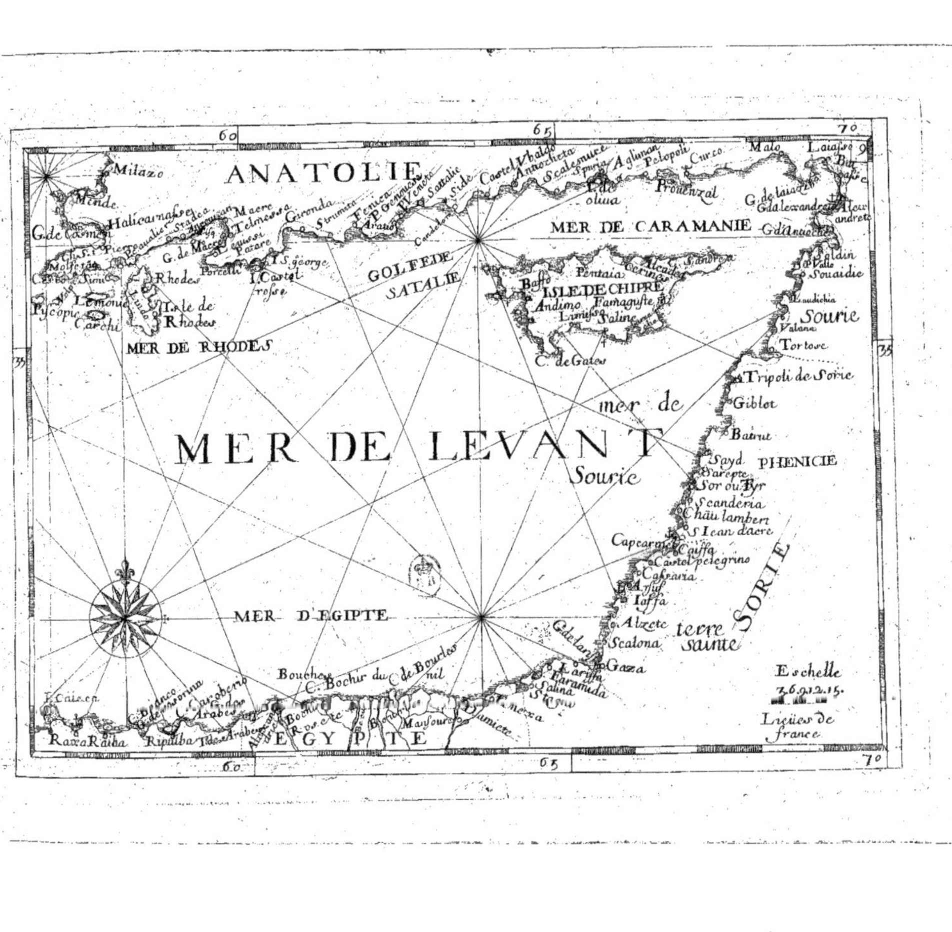
ANATOLIE
MER DE CARAMANIE
GOLFE DE SATALIE
ISLE DE CHIPRE
MER DE RHODES
MER DE LEVANT
mer de Sourie
MER D'EGIPTE
EGYPTE
PHENICIE
SORIE
terre sainte
Milazo
Halicarnasse
Rhodes
Isle de Rhodes
Lemonie
Carchi
I. S. george
I. Castel rosso
Satalie
Castel Vbaldo
Pelopoli
Curco
Malo
Laiasse
Prouenzal
G. de laiazzo
G. d'alexandrete
Baffo
Pentaia
Famaguste
Saline
C. de Gates
Sourie
Tortose
Tripoli de Sorie
Giblot
Baruti
Sayd
Sor ou Tyr
Scanderia
Chau lambert
S. Iean dacre
Capcarme
Caiffa
Castel pelegrino
Cesaria
Ioffa
Alzete
Scalona
Gaza
C. de Bourlos
Bouches
Damiete
Mansoure
Eschelle
3. 6. 9. 12. 15.
Lieües de france
60
65
70
35

DE LA MER DE LEVANT.

Ette Mer ainsi appellée par les Ponentaux qui y nauigent, fait la derniere partie de la Mer Mediterranée, entre l'Anatolie, la Sorie & l'Egipte.

De la Coste d'Anatolie, sur la Mer Mediterranée.

LE Cap Crio, dit aussi le Cap Coxman, fait le commencement de cette Coste, laquelle s'estend d'Occident en Orient, auec plusieurs bonnes retraites, où les Rhodiots font la plus-part du commerce. Le Port Geneuois a cinq milles du Cap Crio, est bon pour les Galeres & pour les Vaisseaux, bien qu'il ait esté fait par artifice, en joignant vne Isle à la Terre-ferme. Volpe est vne ville accompagnée de son Port. Porto-Caualier estoit autre-fois gardé par les Cheualiers de Rhodes. Le Port du Fisq dit Fischio, est celui où les Turcs firent leur embarquement & leur place d'armes lors qu'ils assiegerent & prirent Rhodes. Macre autrement Macari, est vne petite ville sur vn écueil, laquelle donne son nom à vn Golphe, les Turcs y firent leurs magazins pour la mesme entreprise. Les Porcelli sont deux écueils prés des deux Isles de Castel-rosso ou Chasteau-rouge. L'Isle qui porte le nom de S. George est celle qui a vn bourg auec vn fort chasteau. L'an 1650. cette place fut prise & pillée par les Venitiens. Elle pourroit beaucoup fauoriser le commerce de Leuant, si elle estoit gardée par les Chrestiens. Patare est vne assez bonne ville, en laquelle les Anciens nous ont voulu persuader qu'Apollon rendoit ses Oracles six mois de l'année. A l'Orient de Patare, on trouue le Port de Cacaud ou de Cacomo, long enuiron de deux milles, & auec deux entrées. Les Vaisseaux y demeurent en toute asseurance, & n'y reçoiuent autre mal que d'y laisser quelque-fois leurs anchres, car il y a quantité de masures sous l'eau, aussi bien que le long du riuage. Ce Port est aujourd'hui desert, mais ils disent qu'autre-fois il y auoit vne grande ville qui fut submergée. Strumita est sur vn haut. Fenique est accompagnée de son Port; & proche de là, regne vne suite de montagnes sous le nom de Mont-Stridone. Sattalie ou Antali est la meilleure ville de ces quartiers, aussi donne-elle le nom à vn fameux Golphe, & à la plus grande partie de la Mer de Leuant; son Port est fermé d'vne chaisne qui fut rompue par les Chrestiens, lors qu'ils pillerent la ville. Les Mariniers craignent merueilleusement le passage du Golphe de Sattalie, à cause de l'impetuosité des vents, qui sortent des montagnes & qui agitent la Mer. Ils disent qu'autre-fois l'on n'y pouuoit presque passer, mais que les tourmentes y ont cessé depuis que Sainte Helene retournant de Ierusalem, y jetta vn des cloux de Nostre Seigneur pour appaiser l'orage. Candelore est vne place forte dans la terre, connuë par ses Seigneurs pendant les guerres des Chrestiens en Leuant. Castel-Vbaldo ou Lombardor est sur vne montagne, & Scalamure prés d'vn Cap de mesme nom. Agliman est vne forteresse qui fut prise par les Cheualiers de Malte l'an 1613. Pelopoli est vne ville auec son Port, lequel est suiui de ceux de Padrola, de Caualier & de Pine, tous trois fort bons, ayant en leur voisinage l'Isle Prouenzal. La ville de Curco est dans vn Isthme, au Couchant duquel est son Port. Sa forteresse est l'vne des meilleures places de toute cette Coste : Elle a dépendu du Royaume de Chipre, & le Caraman ne l'a pût prendre que par intelligence. On trouue enfin l'Aïazzo, autrefois Issus sur vn Golphe de mesme nom. C'est la place la plus Orientale qui soit en la Mer Mediterranée. Elle est fameuse dans l'Histoire ancienne, par la victoire d'Alexandre sur Darius. L'an 1608. elle fut pillée par les Cheualiers de Malthe. La plus-part de cette Coste faisoit autre-fois partie de la Cilicie, où les Pirates auoient plusieurs retraites.

Il y a deux principales Isles en la Mer de Leuant proche de l'Anatolie, Rhodes & Chipre.

De l'Isle de Rhodes.

RHodes a esté plus celébre dans l'Antiquité, qu'elle n'est aujourd'hui ; Elle a bien 120. milles de tour, & le Canal qui la separe de la Terre-ferme est large d'enuiron vingt milles. Les Rhodiots ayant esté puissans sur Mer, leurs loix & reglemens ont esté long-temps suiuis sur la Mer Mediterranée ; ce qui a fait appeller leur Isle la Reine de la Mer. Elle a esté tenuë par les Cheualiers de Saint Iean de Ierusalem l'espace de 213. ans, depuis l'an 1309. iusqu'à 1522. & à diuerses fois ils y ont repoussé les efforts des Sarrazins, du Soudan d'Egipte & des Turcs. Ils s'y defendirent si vaillamment auant que d'en sortir, que l'Empereur Charles V. dit, que iamais chose n'auoit esté si bien perduë que Rhodes, c'est à dire si bien defenduë & si bien debatuë, ou perduë auec tant d'honneur. Il y a en la ville de Rhodes, le Port des Nauires defendu d'vne Tour au bout de son Mole. Le Port des Galeres a vn Bastion à son entrée, & on le peut fermer auec vne chaisne. Il n'y a passage que pour vne Galere, mais il y en peut tenir plus de soixante. Le Port Lindo en cette mesme Isle est vn lieu commode pour la construction des Vaisseaux. Il fut autre-fois la patrie de Cleobule, l'vn des sept Sages de Grece. Entre les Isles voisines Limonia a vne grosse Tour, & Simi vn Chasteau. Cette derniere est connuë par la pesche des Eponges, & les Habitans y sont tellement accoustumés de ieunesse, qu'auant qu'vn garçon puisse estre marié, il faut, à ce qu'ils disent, qu'il puisse plonger vingt brasses.

De

De l'Isle de Chipre.

LA Mer qui est au Septemtrion de cette Isle, porte le nom de la Caramanie, qui fait la partie Orientale des Costes d'Anatolie sur la Mer Mediterranée. L'Isle de Chipre à la verité joüit d'vn air mal sain, mais on y trouue la commodité de bastir plusieurs vaisseaux, car elle a des arbres tres-hauts & propres à faire des mats, elle a de la poix, du chanvre, & du lin. C'est dequoy les Turcs sçauent bien se preualoir. La place la plus considerable de l'Isle, est Famagouste sur la Mer, defenduë de deux Chasteaux & de plusieurs Tours. Les Chrestiens l'auoient restablie & fortifiée sur le modele de Ptolemaïde. Cerines en la Coste Septemtrionale, est vn lieu important & commode tout ensemble; c'est pourquoi on l'a souuent fortifié. Baffo a des écueils en ses enuirons. Le Cap de Gates semble porter le nom des Chats, qui sont dressez en son voisinage pour la chasse des Serpens, & qui s'en retournent au son d'vne cloche. Limisso Ville & Chasteau a esté la retraite des Cheualiers de S. Iean de Ierusalem, à qui elle a serui de residence apres la perte de S. Iean d'Acre, depuis l'an 1291. jusques en l'an 1309. Vers le Midi des Salines à dix lieües dans la Mer, il y a vn écueil accompagné d'vn tournoïement d'Eau fort dangereux. La ville de Larnicho est accompagnée d'vn port de Mer. Ce fut du costé des Salines que les Turcs debarquerent, lors qu'ils se rendirent maistres de l'Isle, sous Selim II.

De la Coste de Sorie.

LEs Costes de Sorie, pour la plus-part, sont fort basses. Elles sont visitées par les Chrestiens, tant à cause du commerce de Leuant, qu'à cause du voyage qu'ils font en la Terre Sainte. Le Turc en retire de gros Tributs, & cette consideration l'empesche de ruiner les lieux Saints. Les places n'y sont pas fortes; mais pendant que les Corsaires de Barbarie seront puissans au point qu'ils le sont, il ne faut pas esperer que les Princes de la Chrestienté y puissent rien entreprendre.

Alexandrete sur le Golphe de mesme nom, facilite le commerce d'Alepp, & donne lieu à la communication de l'Europe auec les Indes Orientales. Vn Golphe que l'on trouue ensuite, porte le nom d'Antioche. Porto-Vallo est vn assez bon Port. Tortosa n'est qu'vne retraite d'Arabes. Tripoli de Sorie ville & Chasteau, a son port fortifié; & nean-moins il est si plein de sable que les Vaisseaux sont obligez de moüiller à deux ou trois milles de là. Gibleth est vne ville dont on veut faire venir le nom aux belles fourrures que l'on nomme Zibelines; Elle a en son voisinage le petit port de Canis. Barut a vn fort Chasteau. Said autre-fois Sidon a vn port assez bon & vne petite forteresse dans la Mer: Il y a vn Consul François, à cause du commerce qui s'y fait. Sour ou Sur, qui semble donner son nom à la Sourie, a le plus grand port de toute la Coste. Il est asseuré contre tous vents, si ce n'est contre le droit-Nort, & il a cette commodité par le moïen d'vne quantité de Seches qui s'auancent dans la Mer plus de deux milles. Les moyens Vaisseaux passent entre deux Tours, lors qu'ils en

trent dans le petit port qui est dans la ville. La plus-part des maisons y sont ruinées : mais l'assiete de la place est fort auantageuse, car elle est dans vne presqu-Isle, dont les petits Promontoires luy sont comme autant de bastions. Elle est l'ancienne Tyr, celebre par sa belle Ecarlate, par ses bons Nauigateurs, par ses Colonies, & par le Siege de sept mois qu'elle
soustint contre Alexandre le Grand. S. Iean d'Acre dans vne presqu'Isle, a son port le plus frequenté de toute la Coste, &
neanmoins il y a seulement vne cinquantaine de maisons, & vne Tour quarrée qui sert de Chasteau : c'est la derniere place
que les Chrestiens ayent pû conseruer sur la Coste de Sorie. Les Cheualiers de S. Iean de Ierusalem qui l'ont tenuë & defenduë pendant vn siecle entier furent obligez de la rendre l'an 1291. Caiffa est presque entierement ruiné, & il n'y a
que quelques Mores qui y demeurent, à cause du trafic du cotton. La plage y est fort asseurée & peut receuoir les plus
grands vaisseaux. Cassarie a vn port auec vn chasteau sur vn rocher. Elle est tellement ruinée, qu'il n'y reste que quelques
grottes, où se retirent les Mores. Le port de Iaffa defendu de deux Tours, est le plus ancien port du Monde, connû par les
Flottes de Salomon, & par l'embarquement de Ionas & de la Madelaine. Il est si mauuais, que les vaisseaux n'y peuuent demeurer que l'Esté. Il n'y a point d'autres maisons sur la Marine que quelques grottes entaillées dans le roc. Gaza, la derniere place de la Coste de Sorie, est éloignée de la Mer enuiron deux milles. Elle est pleine d'antiquitez ; & son chasteau
de figure ronde, est defendu de quatre tours.

De la Coste d'Egipte.

TOute la Coste d'Egipte est battuë des Eaux de l'Archipel ; car en ces endroits, de mesme qu'ailleurs en la Mer Mediterranée, les Courans sont toûjours vers le Midi ; c'est pourquoy les vaisseaux qui y vont par Ponant, sont contrains
de se tenir vn vent plus proche du Septemtrion, que leur route ne les oblige. On attribuë la raison de ces Courans de la Mer
Mediterranée à la quantité d'eau qui s'y descharge continuellement de la Mer Noire, & au grand nombre de riuieres qu'-
elle reçoit du costé du Septemtrion ; au lieu que du costé du Midi elle n'en reçoit presque qu'vne, qui soit nauigable, sçauoir le Nil. Cela fait croire aux Pilotes de la Mer Mediterranée, qu'il y a quelque Canal sous terre du costé d'Egipte, par
lequel les eaux de cette Mer se déchargent dans la Mer Rouge. En effet, il est certain qu'il n'y a point de courant vers la
Mer Oceane, que celui qui est causé par les Vents : & cela estant, la quantité d'eau que la Mer Mediterranée reçoit du costé du Septemtrion, deuroit auoir inondé la plus-part des Costes d'Afrique, à moins qu'elle ne se perde en des lieux qui
nous sont inconnus. C'est ce qui a donné sujet aux Arabes de l'appeller Pot de Chambre. La consideration de ces sortes de Courans, fait qu'en la nauigation de la Mer Mediterranée, outre qu'vn Pilote doit auoir la connoissance des terrains,
il doit aussi estre juste en l'estime de la course d'vn vaisseau, jugeant du temps qu'il est basti ; car vn vaisseau neuf va bien
mieux qu'vn vieux : il doit aussi connoistre là où il est le plus chargé, ou en prouë, ou en pouppe : c'est l'experience qui lui
acquiere toutes ces connoissances. Pour ce qui est de la hauteur du Pole, la pratique est ici comme inutile, parce que la
Mer Mediterranée est presque toute d'Occident en Orient, & a fort peu de Degrez du Midi au Septemtrion.

Pour retourner à la Coste d'Egipte, de laquelle nous nous sommes vn peu éloignez: lors qu'il n'y a pas d'inondation, le Nil n'a que deux Canaux principaux pour ses Eaux, car les autres ne sont pas considerables, & sont faits artificiellement par les Habitans, qui les appellent Haulis. Les Anciens donnoient sept embouchûres au Nil, chacune auec son nom particulier, quelques Modernes y en mettent quatre.

On peut considerer les places de cette Coste en allant du Couchant au Leuant. Alexandrie, bien que déchuë de son ancienne splendeur, fait nean-moins vn grand commerce. Elle a trois ports, dont le premier est appellé le Port vieux. Il est assez grand, & son entrée est defenduë de deux chasteaux, mais il est de difficile accez. Les deux autres ports sont plus haut, & diuisez l'vn de l'autre par la petite Isle du Phare, laquelle estoit autre-fois plus éloignée de la Terre-ferme qu'elle n'est aujourd'hui, car elle y est jointe par vn pont de pierres. L'vn est le Port des Galeres, & l'autre le grand Port, ou le Port neuf. L'entrée en est defenduë par de bons Chasteaux, mais l'accez en est difficile, à cause des pierres & écueils qui y sont. Le grand Port soufre beaucoup du Nort & du Nord-Est, & le Port des Galeres est plus seur, mais il n'a pas grand fond. Ceux qui sont curieux de voir de beaux restes d'antiquitez, ont dequoi se satisfaire dans le sejour d'Alexandrie. La Ville fut prise par les Chrestiens sur le Sondan d'Egipte l'an 1366. mais elle ne pût estre conseruée. Boquir, dit le Bouquer, a vn petit Chasteau & son entrée fort dangereuse, à cause des écueils qui l'enuironnent. Ce Chasteau est basti sur la pointe d'vne langue de terre qui auance vn peu dans la Mer. Il est quarré & a à chaque coin vne petite tour garnie de petites pieces d'artillerie, & vn Donjon au milieu où l'on fait fanal. Il est separé de la Terre-ferme, par vn petit espace de Mer large seulement de deux pas. Il y a en son voisinage 40. ou 50. maisons. Rosette est sur le Canal le plus nauigable du Nil, qui la rend fort marchande, & qui cinq mille au dessous se jette en la Mer; Elle n'est point fermée, mais defenduë d'vn Chasteau, & est la plus belle d'Egipte apres le Caire, c'est pourquoi les Turcs la conseruent soigneusement. Les moyens vaisseaux y peuuent aisément aborder prés des maisons. D'ailleurs l'air n'y est pas si mauuais qu'en Alexandrie. Les François y ont vn Vice-Consul de mesme qu'en Alexandrie & à Damiette; le Consul fait son sejour au Caire pour estre plus proche du Bacha. Damiette est presque enfermée des Eaux du Nil, à vne lieuë & demie de la Mer. Les Chrestiens qui l'ont prise plusieurs-fois, ne l'ont iamais pû garder long-temps. Tenexa est de dangereux abord, & presqu'inaccessible aux Vaisseaux.

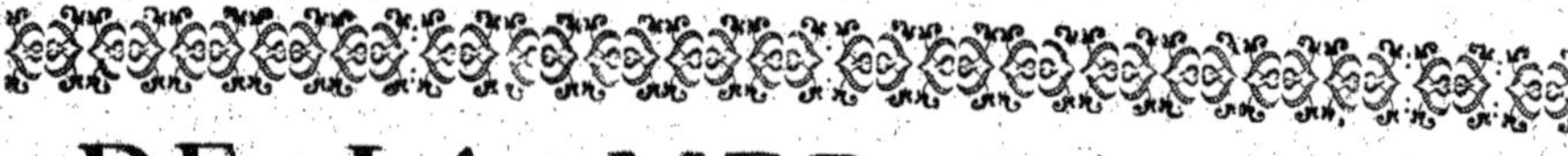

DE LA MER D'ALGER.

De la Coste de Fez.

CETTE Coste est aux Chrestiens & aux Mores. Tanger ville fameuse dans l'Antiquité donnoit autre-fois son nom au Païs voisin & au Détroit de Gibaltar sur lequel elle se trouue, peu apres le Cap Spartel, qui en fait le commencement du costé d'Afrique. Elle est mediocrement peuplée, & entre les mains des Anglois, à qui les Portugais l'ont cedée, en consideration du mariage de leur Infante auec le Roy d'Angleterre. Ces nouueaux Maistres, pour en rendre le port meilleur, y ont fait vn mole ; & ont fait couper enuiron trente toises de rocher sur l'eau, qui nuisoient à cét ouurage. Il y a bon moüillage & les Vaisseaux approchent plus volontiers de la Coste de Fez que de celle d'Espagne. Alcacer ou Cazar-Ezzaghir est des anciennes conquestes de Portugal. Ceuta, que nos gens de Mer appellent Sieute, appartient aux Espagnols ; Elle a vn Chasteau & vn Port sur le Détroit, qui en cét endroit est large de trois lieuës & demie. Au lieu le plus proche de l'Europe & à vn quart de lieuë de la ville, on voit vne Chapelle dediée à Nostre-Dame, en laquelle il y a grand concours de ceux qui ont leurs parens ou leurs amis esclaues en Barbarie. La Sierra de las Monas, montagne connuë autre-fois sous le nom d'Abila en est proche, & vis à vis de celle de Calpe en Europe. C'est là où les Anciens ont placé les Colomnes d'Hercule. Les Turcs font beaucoup de ceremonies superstitieuses lors qu'ils passent par le Détroit : ils y jettent des pots pleins d'huile qu'ils croyent aller à la Montagne des Singes pour le seruice d'vn Santon ou Religieux Mahometan : ils allument & laissent brûler des chandelles sur leurs Canons, notamment la nuit. Tetüan à deux lieües de la Mer a enuiron 800. feux & des maisons bien basties. Les Maures de Grenade s'y estant retirez armerent des Fregates, à l'aide desquelles ils piraterent sur les Chrestiens auec beau coup de facilité ; car outre la commodité de la Mer Mediterranée, ils auoient celle de l'Ocean, dont Tetüan n'est pas fort éloigné. L'embouchûre de la riuiere voisine leur seruoit de Port, mais les Espagnols l'ont presque rendu inutile par les corps de vaisseaux qu'ils y ont fait enfoncer. Les Montagnes voisines sont à la deuotion de ceux de Tetüan contre les Chrestiens : Elles ont du lin & du bois propre à bastir des Nauires & des Galeres : Les marchandises de la Coste, qui est celle de Habat, consistent en cuirs, en cire, en sauon, en toiles & en laines. Vn Prince Arabe nommé Gaïland, a depuis peu obligé

ceux

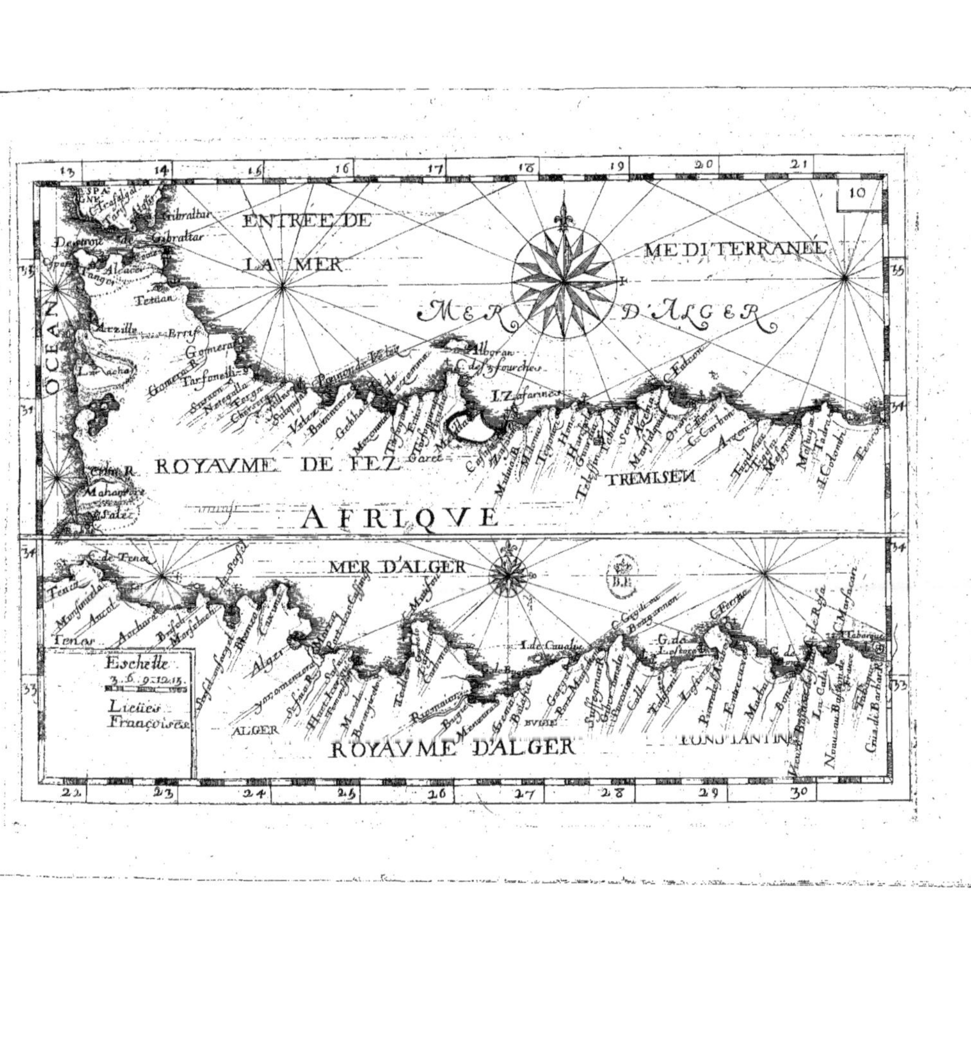
10
ENTREE DE
LA MER
MEDITERRANEE
MER D'ALGER
OCEAN
Gibraltar
Destroit de Gibraltar
Tanger
Tettuan
Arzille
Gomera
Alboran
C. des 3 fourches
I. Zafarines
C. Falcon
ROYAVME DE FEZ
TREMISEN
AFRIQVE
MER D'ALGER
C. de Tenez
Tenes
Alger
ALGER
I. de Cavalo
C. Ferro
Bone
La Cale
Tabarque
ROYAVME D'ALGER
Eschelle
3 . 6 . 9 . 12 . 15 .
Lieües Françoises
13
14
15
16
17
18
19
20
21
22
23
24
25
26
27
28
29
30
33
34
35

ceux de Tetüan à le reconnoistre, & s'est tellement rendu puissant, qu'il a enleué vne bonne partie des Estats du Roy de Fez & resserré ceux de Tanger dans l'enceinte de leur ville. Il s'est mesmes emparé de la ville de Salé faisant sa demeure la plus ordinaire à Arzille sur l'Ocean. Comme il y a des reuolutions continuelles en ces quartiers-là, Tetüan suit aujourd'huy les ordres d'vn Seigneur de la Maison d'Annexis. Gomera est prés d'vn ruisseau de mesme nom. Susaon dans la Terre-ferme, a son Cheique ou Seigneur particulier. Terga de 500. feux n'a que des Pescheurs qui vendent leur poisson salé à ceux des Montagnes. Yelles a vn petit Port; Velez ou Bedis est d'enuiron six-cent feux, entre deux hautes Montagnes, auec vn mediocre Chasteau & vn petit Arcenal où l'on tient quelques Galeres & Fustes. Elle a quelque-fois esté pillée par les Espagnols & par les Genois. Le voisinage de Velez a plusieurs bois. Pennon de Velez est vn fort Chasteau sur le roc separé de la Terre-ferme par vn Canal de mille ou douze cent pas de large, qui peut seruir de Port à dix ou douze Galeres. Les Espagnols sous le Roy Ferdinand prirent & fortifierent cette place; depuis, les Turcs l'ont eüe en leur possession, mais les mesmes Espagnols l'ont glorieusement reprise. Gebha n'a aucune defense. Mezemma autre-fois grande & bien peuplée, est sur vne petite Montagne & nullement forte. Iusques ici, est la Coste d'Errif, & le reste de celle de Fez est appellé Coste de Garet; l'vne & l'autre fournissent de l'orge, des figues, des oliues, des amandes, & nourrissent force Chevres, Asnes, Singes, & autres animaux. Melilla Ville fortifiée & bon Port de Mer, est venuë entre les mains des Espagnols l'an 1497. Bien qu'elle soit encore beaucoup considerable, elle a nean-moins esté bien plus marchande & a eu plus de deux mille maisons. Vn Gouuerneur Espagnol nommé Vanegas y défit vn iour les Mores qui auoient crû plaisamment, que par le moyen des sortileges de leurs Morabuts ou Sacrificateurs, ils trouueroient les portes de la ville ouuertes, & pourroient s'en rendre les maistres, auecque facilité. On recueille du Miel dans le voisinage de Melilla: on y a la commodité de quelques Salins, & de quelques Mines de Fer; & autre-fois, on a pesché sur sa Coste, des Huistres qui auoient des Perles. Casasa a vn bon Port, bien qu'il y ait quelques écüeils à son entrée. Il est aux Espagnols, ayant esté pris par le Roy Ferdinand.

Les Zafarins sont trois petites Isles comme disposées en triangle; Il y en a deux proches du Continent, éloignées l'vne de l'autre de deux milles, & la plus Orientale porte particulierement le nom de Zafarin.

De la Coste d'Alger.

LE Royaume d'Alger pour la plus-part, est aux Turcs, qui pretendent que c'est vn Païs de conqueste. Il a plus de trois cents lieües de longueur, & sa largeur en a 50. ou 60. & quelque-fois 70. Le trajet y est fort aisé à venir de France, car il n'y a gueres plus de 200. lieües de Mer à passer pour ceux qui partent de la Coste de Prouence. Ce Royaume est le plus renommé de toute la Barbarie, à cause de ses forces & des richesses que ses habitans amassent par leurs Pirateries. Quatre autres Royaumes luy ont esté joints, Tremisen, Tenes, Bugie & Constantine. Ces Royaumes ont esté considerables à diuers temps, & ont mesme quelque-fois preualu sur celui d'Alger.

M.

Hunaim ou Hone, a vn petit Port fortifié de deux tours à son entrée. Son terroir produit du Cotton, des Melons, des Figues, des Orenges, des Citrons, & des Grenades. L'an 1533. elle fut pillée par les Castillans. Haresgol sur vn rocher presqu'enuironné de Mer, a vn Chasteau en sa partie Orientale, où il y a garnison du Bacha d'Alger. On dit qu'elle est l'ancienne *Siga*, la demeure de Siphax ; Elle peut seruir de retraite à ceux qui n'ont pas celle de Marsalquiuir. Telensin ou Tremisen & Tilmisan à sept ou huit lieües de la Mer, est vne grande ville au Turc, auec Citadelle à la moderne, dans laquelle le Bacha d'Alger met son Lieutenant.

Marsalquiuir Ville & Chasteau, auec l'vn des plus grands, des plus beaux & des plus asseurez Ports de la Mer Mediterranée, est aux Espagnols qui s'en rendirent maistres l'an 1505. Le Chasteau a deux tours fort hautes, où l'on fait le guet. Oran Ville auec Euesché a son Port peu asseuré contre les Vents de Nort ; Elle est aux Espagnols depuis qu'elle fut prise de force par le Cardinal Ximenes, qui n'y perdit que 30. hommes. 4000. Mores y furent tuez & vingt mille Chrestiens deliurez. Elle a de fort hautes murailles & vn Chasteau en sa partie Occidentale, où quelques Roys Gots ont fait leur demeure ; depuis, elle auoit fait vn grand commerce & ses habitans n'auoient pas moins exercé la piraterie, que ceux d'Alger. Les Espagnols ont quelques autres Chasteaux dans le voisinage d'Oran, qui leur seruent à faire des courses sur les Turcs & sur les Mores.

Mesgraim est vne ville fermée auec vn grand Chasteau aux Mores. On prend quantité d'Austruches en son voisinage. Mostugan est de 1500. feux, auec vn petit Port & vn Chasteau au plus haut de la ville vers le Midi. Ses enuirons sont tres-agreables & tres-fertiles, mais les courses des Arabes les rendent deserts. Tenes autre-fois *Iulia Cesarea* est sur la pente d'vne colline & defendue d'vn Chasteau, à demie lieüe de la Mer & dans vne égale distance d'Alger & d'Oran. Les marchandises du païs sont portées à Tenes & menées à Alger, ou dans les endroits de l'Europe que l'on veut ; ce sont des grains, des fruits, de la cire, du miel, des cuirs &c. Cabo de Tenes est le Promontoire prés duquel l'Empereur Charles V. perdit vne Armée Nauale l'an 1541. Brisch n'a que des Tisserans pour habitans. Sargel ou Sersel est vne ville de cinq mille feux, fermée de murailles de pierre de taille. Les Arabes l'auoient détruite, mais les Mores chassez d'Espagne l'ont rétablie & viuent de la vente qu'ils y font de leurs soyes & de leurs fruits, comme aussi des prises qu'ils font sur Mer.

Alger fameuse ville de Corsaires est sur le penchant d'vn costeau fortifiée de murailles, de tours, de bastions, & d'vn fossé fort profond, qui est seulement large de seize pas. Son circuit de trois mille quatre cents pas renferme bien quinze mille maisons, mais toutes les ruës y sont fort estroites. Il y a vn pentagone dans l'Isle qui est jointe à la Terre-ferme par vn Mole ; & c'est ce qui forme le Port d'Alger, lequel est capable de receuoir des vaisseaux de 120. & 150. Tonneaux ; il est neanmoins peu asseuré contre les Vents d'Est & de Sud-Est, comme il parut l'an 1619. que vint & cinq Nauires y perirent ; & comme il est derechef arriué l'an 1662. les Chrestiens y sont entrez à main armée les années 1578. 1596. & 1606. En de pareilles entreprises, ceux d'Alger redoutent sur tout les brulots. Il y a trois Chasteaux ou Forts dehors la ville, douze ou quinze mille jardins, le Cimetiere des Chrestiens, force tombeaux de Turcs, de Mores, & de Iuifs, & celui de la belle Caue fille du Comte Iulien, qui introduisit les Sarrazins en Espagne pour se venger de Roderic le dernier Roy des Gots. Pour ce qui est des habitans d'Alger, il semble qu'il y en ait de tous les endroits du Monde, car l'on y voit des Mores du Païs, des Mores Negres, des Turcs, des Arabes, des Iuifs, des Chrestiens, que l'on y appelle Franks, de tous les Estats d'Europe, ou Esclaues, ou Marchands, ou Renegats; & l'on asseure que les familles de Renegats y sont bien au nombre de six mille, & que les Esclaues passent celui de quarante mille. L'on y porte force argent pour leur rachapt & pour acheter des marchandises, qui le plus souuent ont esté prises sur les Chrestiens. Aussi, le Cardinal Ximenes disoit, que si l'on pouuoit prendre Alger, l'on y trouueroit assez de richesses pour conquerir toute l'Afrique. Veritablement, le commerce ne sera iamais bien rétabli sur la Mer Mediterranée que par la ruine d'Alger. Le Bacha qui y demeure pour le Grand Seigneur, n'y a pas vn plein pouuoir, car il ne peut resoudre les affaires les plus importantes sans le Conseil des Pirates; On lui donne le huictiéme du butin. Ceux d'Alger, parmi leur artillerie, se preualent de trois grands Canons, l'vn de sept bouches, lequel fut pris à Fez, vn autre pris sur vne Galère de Malthe, & le troisiesme gagné sur vn Vaisseau Portugais reuenant des Indes. La ville a quelque temps esté tributaire des Chrestiens; & les Espagnols ont gardé vn Fort dans l'Isle du Port, iusqu'à ce qu'ils en furent délogez par les Turcs & par les Mores, qui auoient esté introduits dans la ville. Les Turcs ont fait faire par les Esclaues Chrestiens le Mole ci-dessus mentionné, qui ne pût estre acheué qu'en deux ans de temps.

La Coste d'Alger iusqu'à Matifou, est basse, mais fort estroite, à cause des montagnes voisines. On recueille vne grande quantité de grains en la plaine de Motije, où il y a plusieurs sources d'eau viue. Ce fut à vne lieüe au Leuant d'Alger que l'Empereur Charles V. débarqua son Armée, lors qu'il assiegea la ville. De là, apres le triste naufrage de 150. de ses Vaisseaux, il se retira premierement à Matifou, passa le Torrent d'Alcaras, & conduisit le débris de ses troupes à Bugie, puis à Porto-farina, où il fut assisté du Roy de Tunis, & enfin à Trapano en Sicile. Lespece en la Coste de Genes & Boniface en l'Isle de Corse auoient esté les lieux d'assemblée de cette Armée, laquelle auoit esté ensuite à Porto-Maon & à Majorque auant que de se rendre prés d'Alger.

La plus-part des Nations de l'Europe qui vont sur Mer traitent souuent en particulier auec les Corsaires. Mais ceux-ci n'obseruent de tels Traitez, qu'à la mode des Africains, c'est à dire tant qu'ils y trouuent leur auantage, & tant qu'il leur plaist. Sous Bajazet II. les Ecumeurs de Mer firent tant de desordres aussi bien qu'ils font aujourd'hui, que le Cardinal d'Aubusson Grand Maistre de Rhodes, & le Gouuerneur de Lycie pour le Turc, trouuerent à propos de leur courir sus reciproquement, pour le maintien du commerce. En fait d'Esclaues, les Corsaires de Barbarie & les Mores aiment bien mieux les Esclaues Chrestiens que les Esclaues Renegats, car ils ne peuuent pas employer ceux-ci à voguer sur des Galeres, comme ils font les autres. D'ailleurs, le Grand Seigneur ne sollicite pas volontiers pour la deliurance des Esclaues Turcs qui sont entre les mains des Chrestiens, parce qu'il en herite lors qu'ils meurent hors de ses Estats.

Apres Alger, on trouue Yor & Sasa places ruinées. La montagne voisine fournit des bestiaux, des oliues, des raisins, des figues, du salpestre, & en quelques endroits elle a des mines d'or, d'argent & de fer. Temendfust a vn petit Port assez bon. Tedles d'enuiron mille maisons a de bonnes murailles & vn fort Chasteau. Bugie au Leuant du Rio-Major est vne grande ville de huit mille feux, accompagnée d'vne Forteresse & d'vn Port, dont l'abord est dangereux. Les enuirons de Bugie ont plus de fruits que de bleds, & ceux d'Alger y vont se fournir de bois pour la construction de leurs vaisseaux. Gigel ou Gergel est vn Bourg de 500. feux, auec vn Chasteau sur la montagne, dont la possession fut le commencement de la fortune de Barberousse. Les François y vont souuent acheter des cuirs & de la cire; & les habitans portent leurs noix & leurs figues sur des barques à Tunis. Succaïcada a vn bon Port. Collo place ouuerte en a aussi vn, auec vn Chasteau sur le roc. Lestore sur vn petit Golphe de mesme nom, est vn lieu de grand commerce, à cause de la bonté de son Port. Bone dont l'Euesché estoit autre-fois le titre de S. Augustin, est peu habitée. Elle a vn Chasteau auec garnison Turquesque, à son Leuant, & vn moyen Golphe. Les collines voisines fournissent des fruits, des jujubes, des grains &c.

Le Bastion de France prés du Cap de Rose, estoit vne maison forte à mi-chemin d'Alger & de Tunis, tenuë par vne Compagnie de Marseillois du consentement des Turcs & des Mores pour seruir de magazin à leurs traites de bleds, cuirs, huiles, cire, laines, & cheuaux Barbes, & pour la pesche du Coral; mais à condition de ne le pas fortifier. La Milice d'Alger l'ayant ruiné, il a esté rebasti prés du Cap Marsacari. La Cale est vne bonne retraite pour les Vaisseaux. Le restablissement & la fortification de ce poste peut beaucoup nuire à ceux d'Alger & de Tunis, car il peut empescher leur communication & leur commerce; d'ailleurs, l'on y peut enuoyer de temps en temps des secours & des raffraichissements, le trajet y estant fort facile. Bien que les Mores & les Arabes du voisinage ayent des troupes fort nombreuses, elles ne sont pourtant ni resoluës, ni bien disciplinées; & elles ne mettent leur confiance qu'en la conduite des Chrestiens Renegats qui les commandent. Il arriue aussi souuent que ces Mores sont en guerre auec les Turcs & les Corsaires; c'est pourquoi pour incommoder leurs Ennemis, ils fournissent souuent les Vaisseaux Chrestiens de tous les rafraichissements qui sont chez eux.

Tabarque est vne ville de Turcs, vis à vis de laquelle à vn mille de la Terre-ferme, il y a vne Isle auec vn Chasteau en sa partie Septemtrionale, & vn Port de mesme nom, aux Lomellins de Genes, qui payent quatre mille escus de tribut annuel à ceux de Tunis, & deux mille à ceux d'Alger. Le commerce y est presque de mesme qu'au Bastion de France.

DE

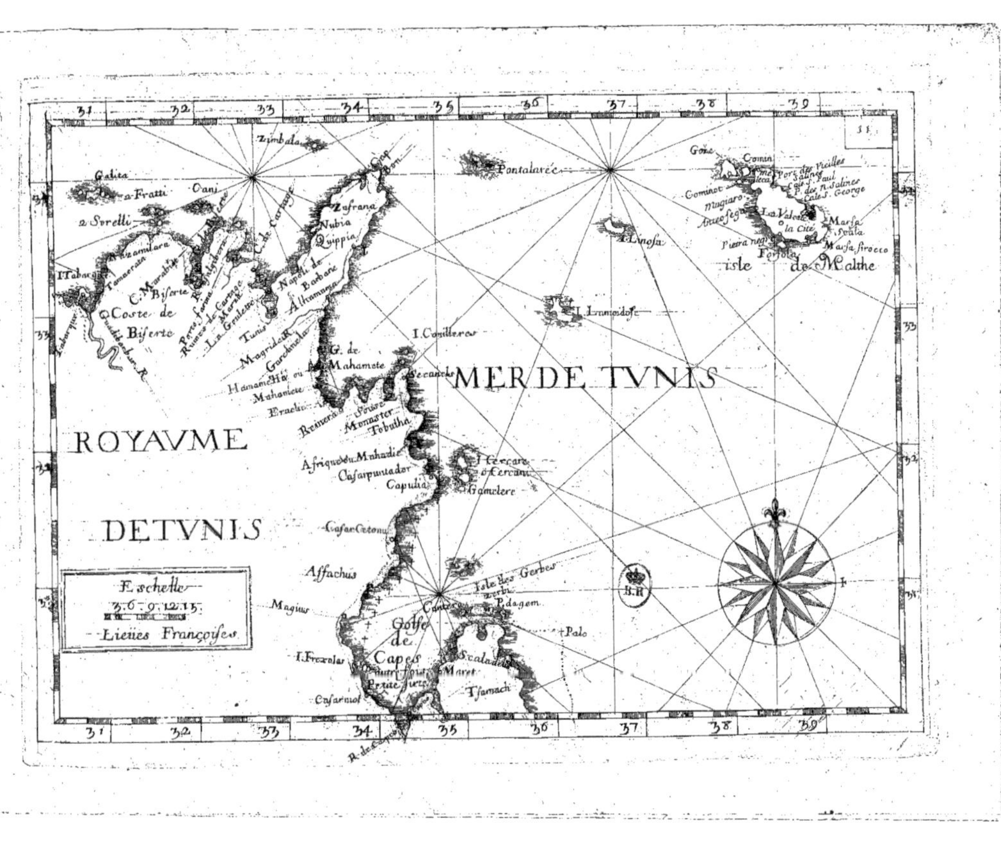
MER DE TVNIS
ROYAVME
DE TVNIS
Eschelle
3 . 6 . 9 . 12 . 15 .
Lieües Françoises
isle de Malthe
Golfe de Capes
Isle des Gerbes
Coste de Biserte
Zimbala
Galita
Pontalarée
I. Linosa
I. Lanmoidose
I. Conilleres
Tunis
Zafrana
Nubia
Quippia
Cap Bon
G. de Mahamete
Afrique ou Mahadie
Casarpuntador
Capulia
Monaster
Sousse
Affachus
Magius
I. Frexolas
Casarmot
Tsamach
Palo
La Valete
la Cité
Gomino
Gore
Comin
Marsa Scala
Marsa sirocco
Pietra negra
Ferfola

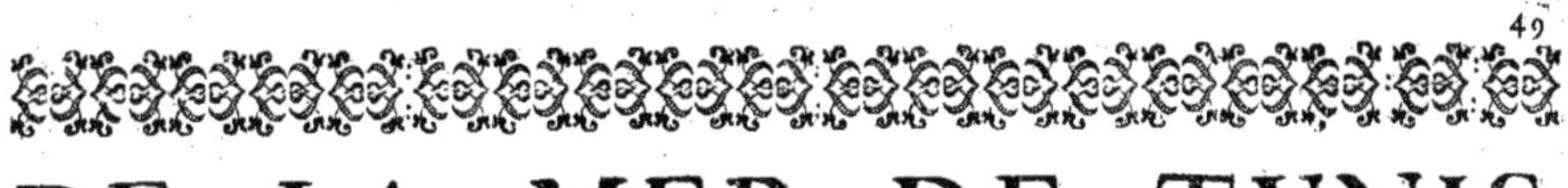

DE LA MER DE TVNIS.

De la Coste de Biserte.

LE Güadibarbar fait la separation des Royaumes d'Alger & de Tunis. Biserte est vne ville de petit circuit, & nean-moins elle a bien six mille feux; elle a de bõnes fortifications, deux prisons pour les Esclaues & quelques bastions pour l'assurance de son Port, où ceux de Tunis tiennent souuent leurs Galeres & leurs Vaisseaux de Course. On l'estime l'ancienne *Vtique* prés de laquelle Curion du parti de Cesar fut défait, & où Caton le jeune se fit mourir. Le Golphe de Biserte est long de seize milles & large de la moitié, mais il est plus estroit à son embouchûre. Il y a quantité d'eau douce & sept ou huict villages en ses enuirons. Biserte est si renommée que toute la Coste iusqu'au Cap Bon en est appellée Coste de Biserte. Porto-Farina est le meilleur Port de toute la Coste; C'est le lieu où est mort Sainct Loüis & où vint descendre l'Empereur Charles V. auec vne armée Nauale de 600. voiles, lors qu'il prit la Goulete par force. Ceux de Tunis y ont fait faire vn Fort l'an 1662. Cartage autre-fois si fameuse n'a plus que sept ou huit cents cases de Pescheurs, Blanchisseurs & Iardiniers.

Le Port de Marza de mesme que celui de Porto-Farina pourroit beaucoup seruir en vne entreprise contre Tunis, car les Chrestiens y estant peuuent aisement receuoir des renforts & des rafraichissemens de France, d'Italie, & de Sicile; & en mesme temps, couper la communication par Mer à ceux de Biserte & de Tunis. Il n'y a qu'vne terre fort maigre de Marza à Tunis. La Goulete est à la bouche du Canal & du Golphe qui mene à la ville de Tunis dont elle est la clef. Elle a vne assez bonne rade qui nean-moins est fort incommodée du Sud-Est. Elle a aussi des prisons pour les Esclaues Chrestiens, deux enceintes de murailles auec leurs remparts & plusieurs Bastions: cela compose la nouuelle forteresse laquelle y a esté faite pour battre à fleur d'eau les Vaisseaux ennemis. Il y a d'ordinaire vne garnison de Ianissaires, plus de 50. gros canons & des Munitions pour deux ans. Les Turcs la reprirent l'an 1574. Charles V. l'ayant prise l'an 1535. y auoit fait faire d'autres fortifications à l'endroit où aujourd'huy il ne reste qu'vn bastion retranché, lequel est gardé par trente ou quarante soldats.

Tunis est vne ville de plus de dix mille feux, fort marchande & bien bastie, où les Chrestiens trafiquent plus librement que dans les autres villes de Corsaires, & où le Seigneur est appellé Day. Il y a aussi vn Bacha Turc qui fait leuer le Carache ou tribut à la Campagne, mais il n'y a pas grand pouuoir outre cela, & le Day profite de la meilleure partie de ce Carache. L'assiette de Tunis est dans vne plaine, à quatre lieües de la Mer, & l'on y va de la Goulette en de moïennes Barques. Ses murailles sont hautes & flanquées de plusieurs tours: son Chasteau qui commande à la ville, n'est pas fort, mais il est magnifiquement basti & defendu d'vne forte garnison. Charles V. s'en rendit maistre par le moyen des Esclaues Chrestiens, dont le soûleuement obligea Barberousse de se retirer à Bone. Ceux de Tunis ne sont pas curieux d'orner leurs maisons en dehors, mais au dedans, ce n'est pour la plus-part que marbre, or & azur. Ils ont quantité d'huile dont ils font part à l'Egipte. Ils accommodent plusieurs pays d'Afrique de leurs toiles, & font vn grand negoce de Cheuaux & de plumes d'aigreté. Ils n'ont que de l'eau de cisterne & font tourner leurs moulins par des Bœufs, ou par des Esclaues. Ils pourroient rendre leur Port meilleur, mais s'ils le faisoient leur ville n'en seroit pas si forte, & ils feroient peut-estre naistre l'enuie à quelque Prince Chrestien de s'en rendre maistre. Les Courans du Cap-negre au Cap-Bon que les Turcs appellent Carabournon sont presque toûjours d'Occident en Orient. A trente ou trente cinq lieües de la Coste vers le Septemtrion, il y a deux rochers fort hauts, nommez Chirbi ou Quels, dont les enuirons sont sans écueils & fort nauigables, y ayant plus de 30. brasses de profondeur. Zimbola ou le Zimbre est vne petite Isle inhabitée. Elle a de bonne eau & l'on y peut fort bien moüiller l'ancre. Napoli de Barbarie est peu de chose. Quippia ou Calibia vulgairement Galippa doit auoir bon moüillage, si son Port est au mesme estat qu'il estoit lors que les Romains y descendirent pour faire la guerre en Afrique. Ce n'est aujourdhui qu'vn petit Chasteau quarré, sur vne montagne. Mahomete ou Hamamethe autrefois Adrumete a de fortes murailles & vn Golphe de mesme nom auec vn bon havre. Elle fut prise par les Cheualiers de Malthe l'an 1602. Eraclie est vne ville ruinée sur vne colline proche de la Mer. Souse l'ancienne Ruspine où aborda Iules Cesar en sa guerre d'Afrique, est composée de haute & basse ville, celle-là sur vn roc d'vn accés difficile, celle-ci auec vn bon Port & des murailles de pierre de taille. L'an 1619. Philibert de Sauoye l'a manqua. C'est vn lieu, où il y a plusieurs restes d'Antiquitez. Ses enuirons fournissent des figues, des oliues, des poires & des coins: Ils ont de bons pasturages, mais ils n'ont gueres d'autre grains que de l'orge. Ceux de Tunis ont quelque-fois leurs Vaisseaux de course à Souse. Monastero ainsi appellée d'vn celebre Monastere de l'Ordre de Sainct Augustin a de hautes murailles, des maisons bien basties, vn Chasteau & vn bon Port. Elle fut prise & pillée par les Cheualiers de Malthe l'an 1550. de mesme que la ville d'Afrique. Afrique ou Mahadie est l'ancienne Thapsus, deuant laquelle Iules Cesar défit Scipion & Iuba: Elle est appellée Mahadie du Calife Mehedi qui l'a rebastit l'an 800. depuis, elle a esté gouuernée en Republique & est l'vne des plus fortes places de Barbarie, à cause de ses fortifications & de la Mer qui en fait vne presqu'Isle, dont l'Isthme n'est que de deux cent pas. Son Port capable de 50. Galeres a son entrée si estroite, qu'vne Galere doit retirer ses rames pour y entrer aisement. La Mer voisine est pleine de sablon mouuant & comme inaccessible. Asfachus ou Sfax n'est que de 400. feux & n'a que des pescheurs & des tisserans: Elle est neau-moins assez forte, il y a flux & reflux dans son Port.

De l'Isle de Malthe, & autres Isles adjacentes.

CEtte Isle a l'auantage d'estre au milieu de la Mer Mediterranée. Sa longueur est de dix lieües & sa largeur de cinq. Son terroir est la plus-part pierreux & sec, & nean-moins il fournit du cotton, du miel & beaucoup de sortes de bons fruits, sçauoir, des figues, des abricots, des citrons, des melons & des raisins: il nourrit aussi des cheuaux, des asnes, des mulets, des porcs, des chevreüils, des moutons, des lievres, des lapins, des poules, des perdrix & des cailles. Il y a peu de grains pour nourrir tant d'habitans qu'elle a, c'est pourquoy la Sicile luy en fournit pour certain prix. Malthe est l'Isle du Monde la mieux fortifiée, comme estant le principal rempart de la Chrestienté contre les Infideles, & ses forteresses ayant plus de trois cents pieces de canon. A cause de la force, & de la valeur de ses Cheualiers, on dit *Maltha Fior del Mondo.* Il y a quatre Villes, la Cité qui est vers le milieu de l'Isle, la Valette Ville nouuelle & la residence du Grand Maistre, le Bourg Ville Victorieuse, parce qu'elle triompha des Turcs l'an 1565. & enfin Saint Michel que l'on nomme aujourd'hui l'Isle de la Sangle, les trois derniers sont proches les vnes des autres. L'Arcenal des Galeres est dans le Bourg, mais de mesme que dans l'Isle de la Sangle il n'y a gueres que des Malthois, des Mariniers & des gens de fortune. Marza-Mussetto & Marza-Grande sont les Ports qui en sont proches, le dernier se peut fermer auec vne chaisne. Marza-Sirocco est vn Port fort spacieux, où les Turcs descendirent l'an mil cinq cents soixante-cinq pour leur grande entreprise: Il y a aujourd'huy trois forts pour sa defense. Les autres endroits de la Coste du Midi ont quelques écueils & rochers, la Cale Pietra-negre est l'endroit où arriua le premier secours des Chrestiens qui n'estoit que de six cents hommes. Anteo-fega & Mugiaro vers le Couchant sont deux bonnes retraites pour les Vaisseaux. Les Turcs auoient abordé à Mugiaro le iour precedent qu'ils furent à Marza-Sirocco. La Melecca a vn bon fond; c'est le lieu où l'on debarqua le grand secours que les Turcs eussent pû empescher s'ils eussent retranché le Col de Mugiaro. Il suit diuerses autres Cales, celles des Vieilles Salines, celle de Saint Paul, où il y a vn fort, celle des nouuelles Salines, celle de Sainct Georges, où les Turcs deschargeoient les munitions qui leur estoient necessaires pour l'attaque du fort S. Elme. Malthe est la sixiesme residence de ses Cheualiers, car auparauant ils auoient demeuré à Ierusalem, à Margat, à Acre, à Limisso, & à Rhodes. Apres auoir esté contrains de rendre Rhodes au Turc, ils furent quelque temps errans sur la Mer Mediterranée: Ils aborderent premierement au Cap Salomon, puis à Sittia, à Cerigo, à Gallipoli en la Terre d'Otrante, à Messine, à Pouzzole, à Baye, à Ciuita-vechia, d'où ils furent à Rome, à Viterbe, & à Corneto; en suite au Port Saint Estienne, à Ville-franche & à Niçe, à Auguste en l'Isle de Sicile, & enfin à Malthe.

L'Isle du Goze à vn Chasteau & plusieurs forts. Comin & Cominot ont quelques habitans & quelques forts. Forfola n'est qu'vn rocher: on appelle Prince de Forfola les Cheualiers de Malthe dont on veut railler la brauoure.

Pantalarée ou Pentelerie est vne Isle au Roy d'Espagne, d'enuiron 15. mille de tour, pleine de montagnes & de rochers, auec vne place accompagnée de son Chasteau sur le roc, en la partie Septemtrionale de l'Isle. Les Turcs disent que ce Chasteau est si fort, qu'il faudroit plus de 200. Galeres pour le prendre. Les Corsaires croizent souuent prés de cette Isle, & y guettent les Vaisseaux des Franks qui vont en Leuant.

Les Isles Linosa & Lampidose sont à l'Ordre de Malthe, la premiere n'a point de bonnes retraites. Lampidose de petit circuit a vn Port auec de l'eau douce, & nean-moins elle n'est point habitée. Il y a seulement vne Chapelle celebre par les offrandes des Chrestiens & des Turcs, & l'on a remarqué que les sacrileges n'en ont iamais pû rien emporter impunément. Les Galeres de Malthe ont accoustumé d'y passer tous les ans & de prendre l'argent qui se trouue sur l'Autel, pour le porter à Nostre-Dame de Trapano en Sicile.

12
MER DE TRIPOLI
Golfe de Capes
Zerbi
Tsamad
Portete
Vieux Tripoli
Tagiora
Tripoli de Barbarie
Razazara
Tezuta
Razamusar
Lobeda
Brata
Mesrata
Colbene
Golfe de Sidra
et Seches de Barbarie
ou
Grande Sirte
ROYAVME DE TRIPOLI
Salina
Lart
Sedico
I. Sidra
Stagno
Mer DE BARCA
Zadra
Tolometa
Berzebona
Berniche
Teiones
Melleta
Carcora
Carcorella
Zanaro
Salina
Stagno
Bonandrea
Fauara
Patriarcha
Trabochi
Luclio
Mohilomara
Salana
Port du Soudan
Rasa
Raiba
Ripalba
Tour des Arabes
COSTE DE BARCA
Eschelle
5. 10. 15.
Lieües
Francoises
35
40
45
30
55
60

DE LA COSTE DE TRIPOLI.

Es Royaumes de Tripoli & de Barca appartiennent au Grand Seigneur, de mesme que ceux d'Alger & de Tunis. Il n'est pas si aisé d'y aborder que dans les autres, à cause des écueils & des sables mouuans qui y sont le long des Costes. D'ailleurs, l'air y est extraordinairement mauuais, & les Turcs sont en possession d'y jetter de grandes forces, qui d'ordinaire sont appuïées par les peuples de la Montagne, lors que les Chrestiens y font des entreprises. La perte de Tripoli par ceux-ci & leurs mauuais succez aux Gerbes & à la Zoare l'ont assez témoigné.

Capes Ville & Chasteau auec de hautes murailles, donne son nom à vn Golphe, mais son Port est de difficile accés, à cause des bancs qui forment la petite Sirte, & il ne peut receuoir que de petits Vaisseaux, outre que la hauteur de l'eau y est fort inégale, car tantost il y a fond, & tantost il n'y en a pas. Il y a des eaux si chaudes en la riuiere de Capes, que ceux qui en veulent boire sont obligez de les laisser refroidir.

Machres est vn Bourg accompagné de son Chasteau.

L'Isle Zerbi ou des Gerbes d'enuiron dix lieües de tour, a vne forteresse & quelques hameaux. Autrefois, elle estoit attachée à la Terre-ferme, & auoit deux villes. Elle a quantité d'aliziers, & l'on y recouure des Draps, plusieurs sortes d'estoffes, & la plus-part des marchandises du dedans d'Afrique. L'an 1560. les Espagnols y furent défaits par les Turcs, & perdirent le Fort Royal de quatre bastions, nommé Philippaïcazar, que Philippe II. Roy d'Espagne y auoit fait faire. Dragut fameux Corsaire estant assiegé dans cette Isle par Doria, fit faire vn Canal qui lui donna moyen d'eschaper, en transportant ses Galeres à force de bras, depuis le Port de Cantera dans lequel il estoit entré, iusques à celui d'Agen. Zoara fut emporté de force par les Cheualiers de Malthe l'an 1552. mais ils en furent délogez peu aprés, auec perte; c'est vne petite Ville auec son Port: la terre du voisinage est si seche, que les habitans sont obligez de l'arroser pour en retirer vn peu d'orge & quelques fruits. Tripoli la vieille a seulement quelques mazures. Tagiora est vne place qui peut beaucoup nuire à la ville de Tripoli. Il y a quelques Seques en son voisinage.

Tripoli de Barbarie est vne ville de Corsaires auec vn Chasteau, où il n'y a point de forces si grandes qu'à Tunis. Son Port est petit, peu fortifié & commandé d'vne colline de mesme que le Chasteau. Les Turcs l'a prirent sur les Cheualiers de Malthe l'an 1551. Ils y ont vn Bacha ou Viceroi qui reçoit vn grand reuenu du safran que l'on recüille en la montagne

Garian, laquelle est au Midi de Tripoli. La Ville subsiste par le commerce & par les courses de ses habitans qui retirent de grandes commodités de leurs palmiers & alisiers. Elle fournit quantité de toile à ceux de Malthe & de Sicile, comme aussi des Esclaues Negres & Ethiopiens, mais il y a peu de viures en son voisinage. Les Venitiens ont vn particulier interest à la destruction des Corsaires de Tripoli, car ce sont eux qui viennent souuent enleuer leurs Vaisseaux dans la Mer Adriatique, dans l'Archipel & dans la Mer de Leuant. Razamizar autrement Rachel-amet, fut vne fois attaqué par les Cheualiers de Malthe, qui s'en retirerent sur la crainte d'vn succez pareil à celui de l'entreprise de la Zoare. Lebeda est vne ancienne Ville. Brata & Mesrata sont de petites places Maritimes vers le commencement d'vn Golphe qui s'auance vers le Midi dans l'espace de plus de 40. lieuës, sur vne largeur d'enuiron aussi grande : Ce Golphe est la grande Sirte des Anciens, connû aujourd'huy sous le nom de Seiches de Barbarie & de Golphe de Sidra, qui est vne petite Isle voisine. Les places des enuirons ne sont pas fort considerables.

De la Coste de Barca.

LA Coste de Barca va du Midi au Septemtrion iusqu'au Cap Razauzen dit autrement de Carene, & ensuite d'Occident en Orient. Ses habitans ont la commodité du commerce auec les Européens & auec les Negres & les Abissins. Ils ont de ceux-ci de l'or, & de l'Iuoire, de la ciuette, du musc & des Esclaues qu'ils enuoyent en Europe, de laquelle ils retirent des grains, des draps, des toiles &c. Les places de la Coste de Barca le long du Golphe de Sidra sont Carcorella, Carcora, Berniche, Berzebone, Taochara, Tolometa, Zadra &c. Apres que l'on a passé le Cap Razauzen, on trouue les places & Ports de Docra, Bonandrea, Fauara, Patriarcha, Trabocho, Lucho, Mosulamara, le Port de Soliman, Salona, Casalis, Carto, & autres, où il y a peu de chose à remarquer. Alberton dit autrement le Port du Soudan a son entrée estroite, mais le Port est fort grand & asseuré. L'on s'y débarquoit autrefois, & c'estoit le plus court chemin pour aller au Temple de Iupiter Hammon. Raxa, Raiba & Ripalba se trouuent ensuite, & puis la Tour & le Golphe des Arabes, où finit la Coste de Barca, & où finit aussi le Discours des Costes de la Mer Mediterranée.

FIN.

TABLE DES CARTES QVI SONT accompagnées de leurs Discours.

Il faut remarquer dans les susdites Cartes, que si les Couleurs y sont appliquées, le Bleu y marque ce qui appartient au Roy sur la Mer Mediterranée, & le Rouge ce qui est au Roy d'Espagne sur la mesme Mer ; que le Gris de lin y fait voir les Costes des Venitiens, & le Vert celles des Turcs, des Mores, & des Corsaires : Et enfin, que le Iaune y represente les Estats de Mer des autres Princes.

www.ingramcontent.com/pod-product-compliance
Ingram Content Group UK Ltd.
Pitfield, Milton Keynes, MK11 3LW, UK
UKHW021006200726
13857UKWH00004B/1293

9 782013 023849